Jean-Louis Cianni

DenkPause

Jean-Louis Cianni

DenkPause

Wie mich Seneca aus der Krise holte

Aus dem Französischen
von Anja Nattefort

Econ

Die Originalausgabe erschien 2007
unter dem Titel *La philosophie comme remède au chômage*
bei Éditions Albin Michel, Paris

Econ ist ein Verlag
der Ullstein Buchverlage GmbH

ISBN 978-3-430-20038-7

Gesetzt aus der Bembo bei Leingärtner, Nabburg
Druck und Bindearbeiten: Clausen & Bosse, Leck
Printed in Germany

Inhalt

»Man hat nämlich, vorausgesetzt,
dass man eine Person ist,
notwendig auch die Philosophie
seiner Person.«

Nietzsche, *Die fröhliche Wissenschaft*

Vorwort

Ich war halbtot. Geschwächt, erniedrigt und zerrüttet von einer langen Zeit der Arbeitslosigkeit. Verglichen mit anderen Unglücksfällen mag es vielleicht lächerlich erscheinen, den Job zu verlieren – besser als ein Kind oder einen Arm! Doch auch der Verlust der Arbeit ist ein echter, harter Schicksalsschlag und in seinen Folgen durchaus vergleichbar mit einer Art Tod. Die soziale Identität, die Clément Rosset im Gegensatz zur stets ungreifbaren, geisterhaften persönlichen Identität als »einzige reale Identität« definiert, geht in der Arbeitslosigkeit entweder völlig verloren oder wird ganz neu wahrgenommen. »In jeder Identitätskrise ›bröckelt‹ zunächst die soziale Identität und bringt schließlich jenes zerbrechliche Gebilde ins Wanken, das man für sein Ich hält. Fast immer erfolgt zuerst eine Schwächung der sozialen Identität, die dann eine Bedrohung der persönlichen Identität nach sich zieht, und nicht etwa umgekehrt, wie man gemeinhin glauben möchte.« Meiner Meinung nach ist Arbeitslosigkeit eine besondere Notlage, in der das Verschwinden der Anerkennung von außen den Tod der sozialen Identität bewirkt. Man fühlt sich ausgeschlossen. Das Bild, das mir dabei oft in den Sinn kommt, ist das eines über Bord gegangenen Seemannes, der beobachten muss, wie das Schiff, von dem er gefallen ist, weiter seine Bahn zieht. Ein Mensch ohne Arbeit ist weder ein Faulpelz noch ein Schmarotzer, sondern vor allem eine einsame Kreatur inmitten einer Gattung, die für ein Leben in Gesellschaft bestimmt ist.

Ich war halbtot, ein lebendiger Toter, doch ich wollte nicht sterben. Also musste ich etwas tun. Wie sollte ich das, was mir vom Leben blieb, bewahren? Wodurch die fortschreitende innere Zersetzung aufhalten? An welchen Rettungsring konnte ich mich klammern, und wo sollte ich ihn suchen? Alkohol, Drogen und Glückspillen jeder Art wies ich mit gesunder Geste weit von mir. Um einen Psychologen zu bezahlen, fehlte mir inzwischen das nötige Kleingeld. Und was das neurolinguistische Programmieren und ähnliche Methoden der Persönlichkeitsbildung angeht, so fehlte mir jeglicher Glaube an ihre Wirksamkeit. Ich wählte also einen anderen Weg.

Eines Morgens, als ich besonders niedergeschlagen war, begab ich mich zu der Bibliothek, die ich früher als Student der Philosophie frequentiert hatte. Ich folgte meiner Intuition: Vielleicht konnten mir ja die Stoiker, Meister des entschiedenen Widerstands gegen alle Verhängnisse des Lebens, dabei helfen, mein nicht enden wollendes Elend zu ertragen. Epiktet, Seneca, Marc Aurel … Ich stürzte mich völlig ziellos in die Lektüre, ganz nach Lust und Laune, in zunächst kleinen Dosen, dann immer ungehemmter. So entdeckte ich die tröstende Kraft der Philosophie, eine alte, erhabene Funktion, die bedauerlicherweise unter Jahrhunderten ebenso unverständlicher wie öder Belehrung und Gelehrsamkeit verschüttet war.

Milderung menschlicher Ängste und Sorgen, Seelenstärkung und Hilfe zur Schicksalsbewältigung zählten fast ein Jahrtausend lang zu den erklärten praktischen Zielen der Philosophie. In mehreren Schriften, die sich ganz dem Trost in Trauer- oder Unglücksfällen widmen, hat Seneca den tröstenden Charakter der Philosophie zu einer eigenständigen Gattung erhoben. Aus der langen Reihe von Werken in dieser Tradition ragt Boethius' *Trost der Philosophie* als das überzeugendste und ergreifendste hervor. Der im 5. Jahrhundert geborene römische Patrizier verfasste es in der Kerkerhaft, unter grausamsten Folterungen, denen er am Ende erlag. Doch auch bei weniger großen Qualen bleibt die philosophische Tröstung ein Heilmittel bei Schicksalsschlägen und den mit ihnen verbundenen narzisstischen Kränkungen.

Die Philosophie also, einverstanden – aber bitte als Schocktherapie! Beginnend mit den Stoikern weitete ich meine Suche auf alle Schulen und Epochen aus. Und nie gab ich dabei die radikale Grundhaltung der Stoiker auf: vom Schlimmsten ausgehen und immer mit allem rechnen. Als Halbtoter, der wieder leben wollte, musste ich der philosophischen Methode folgend fragen: Was dachten die Philosophen über den Tod? Welche Heilmittel empfahlen sie? Welche Therapie passt am besten zu meinem Zustand und meinem Temperament? In diesen wesentlichen Punkten waren meine Nachforschungen äußerst ertragreich. Vernichtung, Leblosigkeit, Wanderung, Rückkehr zum großen Einen, Zugang zum ewigen Leben, Wette, Vorrang des Lebendigen, undenkbare Realität, Möglichkeit der Unmöglichkeit … – die Fülle der philosophischen Interpretationen des Phänomens Tod ist grenzenlos. Jeder Philosoph liefert gewissermaßen seine eigene Version und Vision. Dasselbe gilt für die Haltungen, mit denen man dem Tod begegnen kann: Unwissenheit, Verachtung, Eleganz, Hoffnung, Voluntarismus, Scharfsinnigkeit, Vorbereitung, das Angebot der möglichen Verhaltensweisen ist vielfältig.

Das Ausmaß meiner Misere verlangte größte Gewissenhaftigkeit, denn die Versäumnisse der Philosophie waren mir hinlänglich bekannt: viele Worte, aber nur wenige Taten. Daher folgte ich Bergsons Rat: »Hört nicht auf das, was sie sagen, schaut euch an, was sie tun.« Ich nahm die verfügbaren Biographien unter die Lupe, um die Konzeptionen und Haltungen der Philosophen zum Tod mit den Umständen ihres Ablebens in Beziehung zu setzen. Einige Orthodoxe werden das als Frevel an der Doktrin betrachten, die da besagt, man dürfe Philosophen nur aufgrund ihrer Theorien bewerten. Andererseits ist allseits bekannt, dass antike Denker ihre letzten Minuten auf unverwechselbare Art zu gestalten suchten, um so für ein angesehenes Nachleben zu sorgen. In dieser Hinsicht stellt Diogenes Laertius' *Leben und Meinungen berühmter Philosophen* ein Sammelsurium außergewöhnlicher Anekdoten dar, oft begleitet von beißendem Humor.

Allmählich zeigten meine Therapieversuche erste Erfolge. Zwar fand mein Pessimismus in den düstersten Texten neue Nahrung, doch begann ich andererseits, durch die Auseinandersetzung mit kategorischen Positionen und kompromisslosen Ansichten wieder selbst nachzudenken, ich schöpfte neuen Mut und verspürte Lebenslust. Nach und nach fand ich wieder zu mir. Ich befreite mich von dunklen Mächten. Ich rechnete mit mir und mit den anderen ab. Die Katharsis war auf einem guten Weg. Eines Tages sprach ich mit Jacques Bruyère, einem befreundeten Journalisten, über meine Lektüren. Der Mann hatte seinen Teil an Prüfungen am eigenen Leibe erfahren; schon seine bloße Existenz half mir, auch die meinen zu ertragen. Ein gutes Essen, begleitet von ein paar Gläsern Wein, Gespräche ohne Anfang und Ende, aber immer aufbauend und anregend, bildeten den Rahmen meiner philosophischen Exkurse. Jacques ermutigte mich weiterzumachen. Ich solle das gesammelte Wissen doch irgendwie aufbereiten. Die Tröstung müsse in eine schriftliche Form gebracht werden. Ich nahm die Herausforderung meines Ex-Kollegen an, doch nur unter der Bedingung, dass er mein erster Leser wäre. Jacques, der keine große Neigung zur Philosophie hatte, fügte sich in sein Schicksal. Erst heute vermag ich einzuschätzen, was ich seiner Lektüre und seinen Anmerkungen verdanke. Der Blick eines anderen auf ein wieder zum Leben erwachtes Projekt. Der Blick des Freundes, der einen zurückholt in die Welt der Menschen.

Die hier versammelten Texte erheben nicht den Anspruch einer philosophischen Abhandlung. Sie sind Übergänge, Vorübungen und Spiele an der Oberfläche. Leichte Variationen eines ernsten Themas.

Die folgenden Meditationen – oder Übungen – knüpfen an die antike Tradition einer praktischen und lebensnahen Philosophie an. Sie wurzeln in meinem persönlichen Erleben der Arbeitslosigkeit und in all den Themen, die durchzudenken meine Erfahrungen mir aufgaben: das Zeitempfinden, das Leiden an sich selbst, die Einsamkeit, das Selbstwertgefühl … Sie befassen sich zum einen mit den Gedanken über den Tod einzelner Philosophen, andererseits mit den Umständen ihres Sterbens, wie sie sich aufgrund von Zeugenberichten darstellen, also auf unbedingt zweifelhafte Art.

Gewiss bleibt die Auswahl unvollständig. Warum habe ich Boethius außen vor gelassen? Warum befasse ich mich nicht mit dem Fall Sartres, obwohl Simone de Beauvoirs *Zeremonie des Abschieds* uns verlockenden Stoff liefert? Warum erwähne ich nicht den Unfalltod von Camus? Ignoriere Pascals einsamen Tod? Folge nicht den vielen Reisen von Descartes' Überresten? Vergesse Giordano Bruno, einen echten philosophischen Märtyrer? Verliere kein Wort über die letzten Tage von Nietzsche, der sich in einem Jenaer Irrenhaus wie ein Ziegenbock aufführte? Nach welchen Kriterien soll man eine solche Liste beenden? Nur die Logik – wenn es denn eine ist – meiner ganz persönlichen Genesung, die in unsicheren, kleinen Schritten verlief und von Phasen der Niedergeschlagenheit und des Frohsinns begleitet war, kann darauf den Ansatz einer Antwort liefern.

Im Übrigen gibt es keinen »philosophischen« Tod. Es gibt nur die Tode von Philosophen, die sich je nach Wesen und Schicksal voneinander unterscheiden. Tode von Heiligen, Gurus, Opfern, großen Wahnsinnigen und Lebenskünstlern. Tragische Tode und unbeschwerte, mutige und brave. Einigen gelingt es, das Ereignis nach dem Vorbild von Sokrates souverän zu beherrschen. Andere schlafen wie Heidegger unbemerkt ein. Schon die Verschiedenheit ist äußerst aufschlussreich. Wenn es ums Sterben geht, sind die Philosophen menschlich, allzu menschlich …

Meine Meditationen beschränken sich bewusst auf die Denker des Abendlandes. Man wird darin vergeblich Exkursionen zu den Todesvorstellungen in Zen, Taoismus, Konfuzianismus, Brahmanentum oder anderen Lehren suchen. Philosophie und Spiritualität sind zwei verschiedene Dinge, auch wenn ihre Wege sich bisweilen kreuzen. Und in einer Zeit wie der unseren, in der Religionen, exotische Heilslehren aller Art oder auch Sekten vorgefertigte existenzielle Lösungsmodelle anbieten, schienen mir die philosophischen Strömungen des Abendlandes nicht nur in Einfluss und Gültigkeit unverändert, sondern auch völlig ausreichend, um uns in der Not beizustehen.

Nietzsche war der Ansicht, »mit tiefen Problemen« müsse man es halten »wie mit einem kalten Bade – schnell hinein, schnell hinaus«. Daran wollen auch wir uns halten und vom Nachdenken über den Tod hin zu größerer Seelenstärke gelangen, uns schließlich mit einer »fröhlichen Wissenschaft« trösten. Begreifen, stärker werden, sich anderen öffnen: Das ist die Überlebensausrüstung der Philosophie. Und über ein ernstes Thema auch lachen können. Einige der Kapitel, etwa die über Pyrrhon, Diderot oder Abaelard, sind regelrechte Zwischenakte. Sie handeln von Liebe, Humor, Freiheit, jenen wunderbaren Dingen, mit denen die Philosophie unser Leben verzaubert, ohne dabei auf Klarheit und Scharfsinn zu verzichten.

Meine Meditationen folgen zwei untrennbaren Motiven: der Gedankenwelt eines Philosophen und der therapeutischen Untersuchung. Sie erzählen auf ganz persönliche Weise, wie die Beschäftigung mit dem Autor und seinem Werk mir in einer schwierigen Phase meines Lebens half, und wie die Niederschrift meiner Meditationen sich zu einer regelrechten philosophischen Therapie entwickelte.

Als ich mit der schriftlichen Redaktion begann, rückte das Ende meiner Ansprüche auf Arbeitslosenunterstützung näher. Nach langem Zögern hatte ich mich entschlossen, eine Consulting-Agentur für Kommunikation zu gründen. Die Vorbereitungen zu diesem Unternehmen, das mich noch nicht voll und ganz in Anspruch nahm, begleiteten meine Übungen mehrere Monate lang. Halbtot, halblebendig: Diese hybride Identität prägte mich damals, wie die beiden Zustände einer Metamorphose im Moment der Verwandlung.

All dies widme ich in erster Linie Arbeitssuchenden, aber auch all jenen, die nach überwundener Krise in die Welt zurückkehren. Mögen sie hier den Weg zu ihrer philosophischen Auferstehung finden!

Erste Meditation

Über die Selbsterkenntnis

Das Eigene zu tun lehrt uns die Beschäftigung mit Sokrates. Auch um den Preis des Lebens bleibt er sich treu, bis er, von seinen Mitbürgern zum Tode verurteilt, an jenem Februartag des Jahres 399 v. Chr. den Schierlingsbecher leeren muss. Im Gefängnis von Athen, umringt von seinen besten Schülern, führt der große Geburtshelfer des Geistes die Zeit und die Furcht an der Nase herum, indem er seinen eigenen Tod zum Thema einer philosophischen Untersuchung macht.

Mittlerweile ist es schon ein Ritual. Morgens gegen sieben steige ich mit einem Kaffeebecher in der Hand die Holztreppe zu meinem Arbeitszimmer hinunter. Ich schalte den Computer ein. Ich lese, denke nach, mache mir Notizen. Was sollte ich auch sonst tun? Ich bin seit Monaten arbeitslos, und mein finanzielles Polster schmilzt von Tag zu Tag. Im Kellergeschoss der Villa – der Kredit geht noch über etwa fünfzehn Jahre – mache ich es mir in meinem Sessel bequem und widme mich der Untätigkeit. Derweil glauben meine Frau und meine Kinder oben im zum Leben erwachenden Haus, ich würde arbeiten – was sonst kann man so früh in einem Arbeitszimmer tun? –, ich würde meine Zukunft planen und meine Karriere auf neue Schienen setzen.

Weit gefehlt. Schweigend und regungslos versenke ich mich in mich selbst. Ich werde ein gesichtsloser Schatten, ein Gespenst, ein lebendiger Toter: ein Philosoph.

Ich beginne meine philosophischen Meditationen mit Sokrates. Seit ein paar Tagen lese ich den *Phaidon* wieder, Platons Dialog über Sokrates' Tod. Einen äußerst schönen Tod. In einem ungerechten Prozess zum Tode verurteilt, wird Sokrates den Schierlingsbecher leeren. Am Tag X ist er nicht allein in seiner Zelle: Seit dem Morgengrauen drängt sich ein Dutzend seiner Schüler um ihn, seine glühendsten Anhänger.

Was soll man mit seinem letzten Tag anfangen? Was man möchte, und mit wem man möchte, lautet sein gewiss annehmbarer Plan. Xanthippe, Sokrates' Gemahlin, begleitet die Schüler mit ihrem jüngsten Sohn. Sie kann ihre Verzweiflung nicht verbergen und beginnt zu klagen:

»O Sokrates, nun reden diese deine Freunde zum letzten Male mit dir, und du mit ihnen! Was für ein ungerechter Tod!«

»Was dachtest du denn? Dass er gerecht wäre?«

Xanthippe hat recht. Doch Sokrates verspottet sie und bittet Kriton, dafür zu sorgen, dass sie nach Hause gebracht wird.

Was soll man also mit seinem letzten Tag anfangen? Die Antwort lässt nicht lange auf sich warten. »Auch ziemt es sich ja wohl am besten, dass der, welcher im Begriff ist, dorthin zu wandern, nachsinne und sich Bilder mache über die Wanderung dorthin, wie man sie sich wohl zu denken habe. Was könnte einer auch wohl noch weiter tun in der Zeit bis zum Untergang der Sonne!«

Den ganzen Tag wird Sokrates also mit seinen Freunden reden und sich ganz dem philosophischen Gespräch hingeben, der einzigen wahren Leidenschaft seines Lebens. Eine seltsame Leidenschaft, die den Sohn eines Steinmetzen und einer Hebamme durch die Straßen Athens treibt, mit nackten Füßen und in einen einfachen Wollmantel gehüllt. Während die Sophisten ihre rhetorischen Künste mit großem Prunk vorführen, erlangt zwar auch Sokrates das Ansehen eines Experten, lehrt jedoch, nicht nur schöne Sätze aneinanderzureihen, sondern vor allem Gedanken. Wenn er überhaupt etwas lehrt. Er hat nie etwas geschrieben, sein Denken ist uns nur durch zwei seiner Schüler überliefert, Platon und Xenophon. Ja, seine Art zu philosophieren ist eine Leidenschaft, die sich nur schwer einordnen lässt. Sokrates verfügt weder über herausragende Kenntnisse noch über eine bestimmte Technik, die er weitergeben könnte: »Ich weiß, dass ich nichts weiß.« Er passt in keine Schublade.

Sokrates besitzt keine Wahrheit. Doch er hört nicht auf, danach zu suchen und andere dazu zu bewegen, es ebenfalls zu tun. Er bedrängt sie, setzt ihnen zu, verunsichert sie, sei es bei einer spontanen Diskussion in einem Gymnasion, an einem Marktstand oder während eines Festmahls. Unwissenheit heucheln (*eiróneuomai*) und den anderen befragen (*eiromai*), darin besteht die *sokratische Ironie,* eine Haltung und eine Methode, die den Gesprächspartner von überlieferten Meinungen, Vorurteilen und anderen Glauben befreien soll. Seine Mutter brachte die Athener Babys auf die Welt, Sokrates wiederum ist der Geburtshelfer des Geistes. »Die Götter zwingen mich, Geburtshelfer zu sein, aber selber nicht zeugen zu können.« Seine berühmte Mäeutik, mit der er seinen Gesprächspartner in Widerspruch zu dessen ursprünglicher Meinung bringt, ebnet ihm den Weg zu universellen Begriffsbestimmungen, Vorstellungen und wahren Urteilen.

Womit beschäftigt sich das sokratische Philosophieren? Mit Fragen der Ethik, mit menschlichen Belangen ganz allgemein. In seinen Gesprächen geht es Sokrates um moralische Werte und Tugenden: Weisheit, Sittlichkeit, Mut, Schönheit. Das Ziel ist einfach und stets dasselbe: sich selbst und die anderen beobachten, um so den Fallstricken der allgemeingültigen Meinung zu entgehen und schließlich Souveränität über sich selbst zu erlangen. »Erkenne dich selbst, und du wirst das Universum und die Götter erkennen« – die Inschrift am Eingang des Apollotempels in Delphi fasst die Philosophie des Sokrates kurz und bündig zusammen. Sei ein Mensch, begreife dich als einzigartiges, unbeugsames Wesen. Sokrates oder die Erfindung des Bewusstseins.

Ich stelle mir die Szene im Gefängnis von Athen vor, nachdem Xanthippe hinausgeworfen wurde. Der Kerkermeister befreit den Verurteilten von seinen Ketten. Sokrates setzt sich auf die Kante seines Schlaflagers, lässt die Beine mit den nackten Füßen herunterbaumeln. Ein abgewetzter Mantel. Ein dickbäuchiger Körper, trotz seiner einundsiebzig Jahre noch muskulös. Noch uneleganter ist sein Gesicht, dominiert von einer Knollennase und wulstigen Lippen, die durch einen dichten Bart hindurchschimmern.

Im Gespräch mit seinen Schülern aus Theben, Simmias und Kebes, beginnt Sokrates eine Debatte über die Wanderung in die andere Welt. Sie folgt einer dreiteiligen Argumentation, beinhaltet logische Übungen ebenso wie religiöse Fragen und mischt Vernunft mit Übersinnlichem: Der Philosoph fürchtet sich nicht vor dem Tod, die Seele ist unsterblich, die Seelen werden im Jenseits beurteilt.

Der Tod bedeutet die Trennung von Seele und Körper. Und da Leidenschaften, Begehren und Empfindungen des Körpers beim Streben nach Weisheit hinderlich sind, befreit der Tod die Seele, erlöst sie von den körperlichen Zwängen und bringt sie in direkten Kontakt mit der Weisheit. Sokrates knüpft an die orphische Tradition an, die den Tod als Reinigung betrachtet. Der Philosoph sieht keinen Grund, sich vor dem Tod zu fürchten, setzt sich in ihm doch nur die Suche nach der Weisheit fort, auf die sein ganzes Leben ausgerichtet war. Der Tod ist »eine Abkürzung«, der wir also ganz unverzagt begegnen können. Weit entfernt vom Reich der Schatten, das Homer vorschwebte, eröffnet der Tod eine Perspektive der Glückseligkeit. Hinter der Schwelle des Todes gibt es sehr wohl noch etwas, noch dazu erwartet die Guten etwas weit Besseres als die Schlechten. »So wäre es ja wohl wunderlich, wenn er dann unwillig sein wollte über das, wonach er lange gestrebt und sich bemüht hat.« Und Sokrates ist froher Hoffnung, »zu andern Göttern zu kommen, die auch weise und gut sind, und dann auch zu verstorbenen Menschen, welche besser sind als die hiesigen.«

Diese Hoffnung auf ein Jenseits, in dem noch dazu Gerechtigkeit und Glück herrschen, kann nur dann Gültigkeit beanspruchen, wenn die menschliche Seele unsterblich ist. So unternimmt Sokrates eine Beweisführung in drei Schritten, um diese Unsterblichkeit zu begründen. Da ist zunächst der Beweis über das Entstehen aller Dinge aus ihrem Gegenteil: Aus dem Lebendigen entsteht das Tote, also muss zwangsläufig auch das Lebendige aus dem Toten entstehen. Dann die Wiedererinnerungslehre als Beweis der Unsterblichkeit: Lernen ist nichts anderes als die Erinnerung an etwas, das schon in unserer Seele vorhanden ist. Eine abstrakte Vorstellung wie die von der Ewigkeit kann nicht von unserem Körper und seinen Empfindungen herrühren. Sie findet ihren Ursprung in der Seele, die sich an ihr früheres Leben erinnert. In Kombination verstärken sich diese beiden Argumente: Wenn die Seele nur aus dem Toten entstehen kann, muss sie, um wieder aufleben zu können, nach dem Tod weiter existieren … Als letztes Argument führt er an, dass die Seele als Geistwesen derselben ontologischen Kategorie angehört wie die Ewigkeit.

Sokrates' Freunde Simmias und Kebes äußern diverse Zweifel. Wenn die Seele ewig ist, wohin geht sie dann nach dem Tod und was passiert mit mir? Die Antwort auf diese Fragen gibt Sokrates im dritten Schritt seiner Argumentation. Er fährt fort mit einem Mythos über das Schicksal der Seele nach dem Tod. Das Universum besteht aus drei konzentrischen Sphären. Die Erde, auf der wir zu Lebzeiten wandeln, entspricht der zweiten Sphäre. Darüber befindet sich ein unsichtbarer, reiner Ort, ein regelrechtes Paradies, das die gerechten Seelen nach ihrem Tod und ihrer Beurteilung aufnimmt. Die Seelen der Bösen stürzen hinab in die Hölle, die sich im Innern unserer Erde befindet.

Glaubt Sokrates wirklich an dieses hollywoodtaugliche Horrorszenario? Wohl kaum, was er am Ende seiner Tirade auch zugibt: »Dass sich nun dies alles gerade so verhalte, wie ich es auseinandergesetzt, das ziemt wohl einem vernünftigen Mann nicht zu behaupten.« Sokrates lässt sich nicht von der Virtuosität seiner Dialektik an der Nase herumführen.

Bereits am Ende seines Prozesses hatte er sich, noch in Anwesenheit der Richter, Gedanken über den Sinn des Todes gemacht. Nur eines kann zutreffen, hatte er befunden: Entweder stürzt uns der Tod ins Nichts, dann ist er nur ein »Schlaf, in welchem der Schlafende auch nicht einmal einen Traum hat«; oder er ist eine »Auswanderung von hinnen an einen anderen Ort«. In beiden Fällen sei er ein Gewinn, stellte Sokrates mit seiner gewohnten Ironie fest. Zu diesem Zeitpunkt war der Tag seiner Hinrichtung in weiter Ferne. Nun ist alles anders. Er muss einen Schritt mehr machen, diese Wanderung neu definieren, ihr einen weitergehenden Sinn geben. Er muss bestimmen, wo sie hinführt und wie, und von einer Gerechtigkeit nach dem Tod ausgehen. Gewiss gibt es dafür keine Garantie, dennoch kann uns nichts daran hindern, auf eine bessere Zukunft zu setzen. Ja, das Risiko, dass nach dem letzten Atemzug nichts mehr kommt, besteht nach wie vor. Doch zwischen dem eventuellen Nichts und dem möglichen Glück entscheidet sich Sokrates für Letzteres: »Denn es ist ein schönes Wagnis, und man muss mit solcherlei gleichsam sich selbst besprechen.« Sich überzeugen, sich berauschen. Die sokratische Wette, lange vor der Pascal'schen Wette.

Jedenfalls bringt diese Wette einen unleugbaren Vorteil mit sich, nämlich den, seine Zeit derweil sinnvoll zu verbringen, seine Furcht zu besiegen, das Wehklagen zu vermeiden. Wie ein Sportler, der im Geiste immer wieder die Etappen des bevorstehenden Wettkampfs durchspielt, verwendet Sokrates seinen letzten Tag darauf, sich den Tod zu vergegenwärtigen. In seiner Rede sammelt und entfaltet er das destruktive Wesen des Todes, er betrachtet und durchdringt ihn in all seinen Facetten. Sokrates spricht nicht vom Tod als einem fernen, abstrakten Geschehen, er spricht von *seinem* Tod und nähert sich auf diese Weise dem Unmöglichen: das Subjekt des eigenen Verschwindens zu werden. Das ist unerreichbar, sicher, denn allen Argumenten, Glauben, Mythen und auch Hoffnungen zum Trotz muss auch er schließlich irgendwann gehen. Doch immerhin nimmt der Philosoph eine ganz persönliche Haltung ein und tut das ihm Eigene. Er vergisst den Sturz, der ihn erwartet. Ein letzter Tanz am Abgrund.

Wir befinden uns im Schlussakt, im Gefängnis von Athen. Sokrates erkundigt sich nach dem genauen Ablauf.

»Wie muss man es machen?«

»Nichts weiter, als wenn du getrunken hast, herumgehen, bis dir die Schenkel schwer werden, und dann dich niederlegen, so wird es schon wirken.«

»Was meinst du von dem Trank wegen einer Spendung? Darf man eine machen oder nicht?«

»Wir bereiten nur so viel, o Sokrates, als wir glauben, dass hinreichend sein wird.«

»Ich verstehe. Beten aber darf man doch zu den Göttern und muss es, dass die Wanderung von hier dorthin glücklich sein möge.«

Sokrates nimmt den Becher, der ihm gereicht wird, und leert ihn in einem Zug, ohne mit der Wimper zu zucken, dann legt er sich wie befohlen wieder hin und bedeckt das Gesicht mit seinem alten Mantel.

Nach ein paar Sekunden nimmt er ihn wieder ab und ruft nach Kriton.

»Wir sind dem Asklepios einen Hahn schuldig, entrichtet ihm den, und versäumt es ja nicht.«

»Das soll geschehen. Sieh aber zu, ob du noch sonst etwas zu sagen hast.«

Mit dieser letzten Ungewissheit schwindet die Seele des unermüdlich Fragenden dahin.

Ungefähr 2400 Jahre nach dem Tod von Sokrates und mehrere hundert Kilometer von Athen entfernt meditiere ich über die Wechselfälle meines eigenen Lebens. Ich war »PR-Chef«, Leiter der Abteilung für Kommunikation in einer Fluggesellschaft. Ein Unternehmen von zweitausend Beschäftigten mit Sitz in Südfrankreich. Nach der Übernahme durch eine Schweizer Gruppe wurde mein Posten gemeinsam mit ungefähr zwanzig anderen gestrichen. Das war der erste Absturz einer langen Serie, die mit dem Konkurs des Unternehmens endete. Ich erinnere mich noch an den Tag, an dem sich alles entschied. Es war in einem Luxushotel in Nizza, in dem ich mir keine einzige Übernachtung hätte leisten können. Die Nummer zwei an der Spitze von hunderttausend Angestellten in Europa, ein ruhiger Zwei-Meter-Mann von 150 Kilo, hatte sich gnädig bereit erklärt, mich zu empfangen. Es war acht Uhr morgens, er nahm gerade ein imposantes Frühstücksbrot mit roter Konfitüre in Angriff.

Ich hatte Stunden mit der Vorbereitung dieses Gesprächs zugebracht. Mit meinen neunundvierzig Jahren, einer halbtags beschäftigten Frau und drei Kindern musste ich Vorsicht walten lassen. Doch mein Gegenüber wählte eine ganz andere Taktik. Ich hatte gerade ein paar Sätze gesagt, da unterbrach er mich: »Sie wollen uns also verlassen?«

In diesem merkwürdigen, aberwitzigen Moment machte irgendetwas in mir Klick. Ich blickte auf das Brot, dann auf das Meer am Horizont, und ich hörte mich flüstern: »Ja.« Der kapitalistische Vielfraß zeigte sich von seiner menschlichen Seite und erklärte, das Unternehmen würde sich »fair« verhalten. Daraufhin kehrte ich seinem Tisch, dem Luxushotel und der Arbeitswelt den Rücken.

Im Grunde war ich froh, dass es vorbei war. Im Jahr davor war ich persönlich von der laufenden Umstrukturierung betroffen. Ich wurde »aufs Abstellgleis gestellt«, meine Hauptaufgabe bestand nun darin, die Fusion der PR-Abteilungen der drei von der Schweizer Gruppe übernommenen französischen Unternehmen voranzutreiben. Nach der erfolgreichen Zusammenlegung wollten die Inhaber eine Frau an die Spitze der neuen Presse-Abteilung setzen. Ich arbeitete also an der Abschaffung meiner eigenen Stelle ... In diesem Augenblick klang die Aussicht auf Entlassung wie eine Erlösung.

Doch ich machte mir keine falschen Hoffnungen. Ich kannte den Zustand des Arbeitsmarktes in meinem Metier, der in Montpellier und im ganzen Süden Frankreichs schlicht katastrophal war. Ich wusste, dass es schwer sein würde und dass mein Alter ein echtes Handicap darstellen könnte. Doch ich verfügte über solide Erfahrungen, sowohl im Journalismus als auch in der PR-Branche, und ich war gut vernetzt. Ich hatte mir mein Studium durch Nebenjobs finanziert und nach dem Abschluss schnell eine Anstellung gefunden. Mein Zähler für Tage der Arbeitslosigkeit stand seit jeher auf null. Ich dachte, ich würde schnell wieder »auf die Beine kommen«, das sagten auch alle anderen.

Im Laufe der Monate gab ich jede Illusion auf. Zwei Stellen, die mir im letzten Moment entwischten, die schnell verworfene Idee einer Umschulung, eine Probezeit in einer Agentur, die nach sechs Monaten auslief, die tägliche erfolglose Stellensuche: Anderthalb Jahre, nachdem ich mein Unternehmen verlassen hatte, fand ich mich in einer Sackgasse wieder ...

Und das war nur der Anfang, ein weiteres Jahr ohne Job sollte folgen – belastend, zermürbend, zum Verzweifeln. Schließlich beschloss ich, eine Consulting-Agentur zu gründen, um die Aufträge, die hier und da hereinflatterten, mit meinen Einsätzen an der

Universität von Montpellier unter ein Dach zu bringen. In dieser Übergangszeit zwischen Arbeitslosigkeit und Unternehmensgründung begab ich mich auf den Pfad der Philosophie.

Das zweite Jahr ohne Job erlebte ich wie eine unendliche Wüstendurchquerung. Vom gesellschaftlichen Leben ausgeschlossen, zurückgestoßen auf den Nullpunkt meiner selbst. Beinah fünfundzwanzig Jahre lang hatte ich ein hyperaktives Berufsleben, war stets nach außen hin orientiert und darauf aus, meine Kontakte auszubauen. Es bereitete mir große Schwierigkeiten, die Einsamkeit zu ertragen, die das Schicksal mir nun auferlegte, zumal sie anscheinend kein Ende nehmen wollte. Zurückgeworfen auf mich selbst, schwankte ich zwischen den Trugbildern der Nostalgie und der desillusionierenden Suche nach einer Stelle. Strategische Brainstormings, Flugpläne, Pressekonferenzen in großen Hotels, Urlaub auf den Antillen … Immer wieder erschien mir die jüngste Vergangenheit wie ein paradiesischer Zustand, der für immer verloren war. Denn die Arbeitssuche konfrontierte mich mit einem kläglichen Markt: rar gesäte Stellenangebote, geldgierige Headhunter, unangemessene Strukturen, ein ganzes Milieu, das sich vor der Verantwortung drückte … Der Vergleich von Vergangenheit und Gegenwart ergab einen absurden Kontrast.

Ich trauerte um den, der ich einst gewesen war, mit allem, was dazugehört: Leiden, Schwermut, Depression und Erschöpfung. Eine der größten Herausforderungen der Arbeitslosigkeit besteht darin, dass man an zwei Fronten gleichzeitig kämpfen muss: gegen das Schicksal und gegen sich selbst. Nach ein paar Monaten geht es nicht mehr nur darum, die notwendige Energie für die völlig aussichtslose Jobsuche aufzubringen, sondern auch darum, die Kraft zu haben, all das durchzustehen. Obwohl ich die Herausforderung des Schicksals annahm und nie die Hände in den Schoß legte, spürte ich sehr wohl, dass etwas nicht in Ordnung war. Ich stimmte nicht mehr mit mir überein, ich erlebte mich wie eine Art neben mir laufender Roboter. Das Übel lag tiefer, es war noch heimtückischer und ungreifbarer. Es brachte die komplexen, unbewussten, zwiespältigen Beziehungen zu meiner Umwelt ins Spiel.

Ich wurde in eine Familie mit italienischen Wurzeln hineingeboren, in der die Arbeit zugleich Tugend und Wert ist. Auch ohne Anstellung und ohne die Aussicht, wieder eine zu finden, behielt dieses Bezugssystem für mich weiterhin seine Gültigkeit, nur erschien es mir inzwischen sinnlos. Die Untätigkeit veränderte meinen Blickwinkel. Ich sah in aller Deutlichkeit, was die Arbeit mir vom Leben genommen hatte, was ich alles erduldet hatte, all die Zwänge, die Unterdrückung, und zugleich musste ich mir eingestehen, dass ich ohne Arbeit kein Mensch mehr war. Alles wurde verschwommen, grau, unbestimmt.

In der Apologie des Sokrates lädt Platon dazu ein, »sich weniger darum zu kümmern, was man hat, als was man ist«. Und was bin ich? Ein Arbeitsloser, ein vom Gefühl der eigenen Wertlosigkeit besessener Mensch. Von hier gehe ich aus, von diesem Nichts und von meinen morbiden Gefühlen. Ich beobachte Sokrates. Am letzten Tag seines Lebens spielt er die Rolle des Weisheitssuchenden mit Beharrlichkeit, Eifer und Mut. Und mit Humor. Er versteht seine Definition von Weisheit – »das Eigene tun« – buchstäblich und widmet den letzten Tag seines Lebens seiner Lieblingstätigkeit: dem philosophischen Gespräch.

Was ist für mich »das Eigene«? Das Nachdenken über diese Frage führt mich zum Schreiben. Ich bin seit langer Zeit ein Schreiber, zunächst in meiner Tätigkeit als Journalist, dann als PR-Chef. Das Schreiben war immer die Achse meines beruflichen Tuns, mein innerer Kern. Gerät ein Unternehmen in eine Krise, besinnt es sich gern auf sein Kerngeschäft, um sich dann neu zu orientieren. Das werde ich auch tun: Ich werde meditieren und schreiben. Das gibt mir eine regelmäßige, strukturierte Aufgabe (jeden Morgen werde ich mich dransetzen) und ein Schutzschild (ringsum wird man denken, ich arbeite). In gewisser Weise bin ich mein eigener Angestellter. Ausgeschlossen von Unternehmen und Betrieben, betreibe ich das Unternehmen Ich. Ein anderer Zugewinn, der noch wichtiger und verlockender ist: Ich nehme wieder Kontakt zu mir selber auf. Es ist noch kein echter Dialog, eher eine erste Nachricht auf einem Anrufbeantworter, aber besser als nichts.

Sorge dich um dich selbst, sorge dich um die große Leere, die du bist. Verliere dich nicht darin, im Gegenteil, distanziere dich davon. Mache nicht gemeinsame Sache mit dem, was dich umbringt. Spiele damit. Das habe ich von Sokrates gelernt. Ich habe keinen Job, aber ich bin noch etwas.

Eins beginne ich langsam zu verstehen: Dieser Tod, das bin ich selbst.

Zweite Meditation

Über die Einheit von Seele und Geist

Wo Spinozas These bestätigt wird, nach der Seele und Körper vereint sind. Das Leben des exkommunizierten, tuberkulosekranken und verarmten Philosophen ist ein schönes Beispiel für den Widerstand gegen die Wechselfälle des Lebens. Und obwohl es schwer ist, so optimistisch zu sein wie er, klingt sein sanftes Ableben an einem Sonntag des Jahres 1677, zur Zeit der Messe, wie eine Belohung für die Zurückweisung des Todes.

Es könnte einem fast Mut machen: Bisweilen verbeugt sich der Tod vor dem Menschen, leicht wie eine Feder, elegant wie eine Prinzessin. So geschah es bei Spinoza, dem schwindsüchtigen, verbannten Philosophen, den der Tod am 23. Februar 1677 in einem der ärmlichen Zimmer, in denen er sein Leben fristete, wie im Vorübergehen zu berühren schien. An diesem Tag ist Spinoza nicht kränker als gewöhnlich. Es geht ihm sogar eher gut. Am Samstag war er in die Stube hinuntergegangen, um eine Pfeife zu rauchen. Nichts deutet darauf hin, dass er Schmerzen leidet. Am Sonntag unterhält er sich wieder einmal mit seinen Wirtsleuten. Ein Arzt ist da, den Spinoza aus Amsterdam herbestellt hat. Er bittet die Wirtsleute, ein Huhn zu besorgen und eine Brühe daraus zu kochen. Es ist ungewöhnlich, dass der sonst äußerst bescheidene Spinoza sich zweimal davon nimmt. Sein Wirt begibt sich zur Nachmittagsmesse. Nach seiner Rückkehr ist Spinoza tot. Klammheimlich gestorben. Der Arzt verschwendet keine Zeit. Noch am selben Abend geht er wieder an Bord des Schiffes nach Amsterdam. Zwischen dem Tod des Philosophen und der Abreise steckt er allerdings in dessen Zimmer noch ein paar Sachen ein, Münzen, ein Messer mit silbernem Griff … Wo selbst das Antlitz des Todes sich menschlich zeigt, sind die Menschen es allemal.

Seit einigen Tagen verbringe ich in meine morgendlichen Mußestunden mit Spinoza. Er verdient diesen Tod, der ihn wie eine flüchtige Liebkosung streift. Baruch de Spinoza wird 1632 im jüdischen Viertel Amsterdams als Sohn vermögender Kaufleute aus Portugal oder Spanien geboren. Zu jener Zeit bieten die Vereinigten Niederlande, ein kleines Land mit großer Machtstellung innerhalb Europas, England und dem Frankreich des Sonnenkönigs die Stirn. Es ist ein wirklich besonderes Land mit einer Gesellschaft, in der Handel und Bankwesen florieren, und einem republikanischen System, das religiöse Freiräume bietet. In dieser liberalen und toleranten Umgebung hat die Familie Spinoza sich vor zwei Generationen niedergelassen. Der Vater führt ein Handelshaus und zugleich die jüdische Schule der Stadt. Die Mutter, Hanna Deborah, kommt geradewegs aus Portugal. Eine Immigrantin der ersten Generation. Sie stirbt, als Baruch (auf Hebräisch »der Gesegnete«) gerade sechs Jahre alt ist. Das Abschiedsgeschenk der Mutter an ihren Sohn: die Tuberkulose.

In der Schule der Synagoge genießt Baruch eine religiöse Erziehung auf der Grundlage des Alten Testaments und des Talmuds. Doch sein Vater hat ihn für die Geschäftswelt auserkoren. Schon mit dreizehn Jahren arbeitet Spinoza im väterlichen Handelshaus. Neben den traditionellen Fächern studiert er die Wissenschaften im Sinne Descartes', Mathematik und Physik, und beherrscht bald Spanisch, Hebräisch, Holländisch und Latein. Und er besucht die Privatschule von Franz van den Enden, einem abtrünnigen Jesuiten und Freidenker.

Nach dem Tod seines Vaters im Jahre 1654 übernimmt er gemeinsam mit seinem Bruder die Leitung des Familienunternehmens. Zu diesem Zeitpunkt spitzt sich sein Verhältnis zur jüdischen Gemeinde aus zunächst unerheblichen Gründen zu. Immer seltener sieht man ihn in der Synagoge, gelegentlich äußert er Zweifel über Dogmen, seine intellektuelle Nähe zu den liberalen Christen wirft Fragen auf. Da sind Eifersüchteleien, eine Prise Hochmut beim jungen Spinoza und nicht zuletzt sein unbezwingbarer Freiheitsdrang. So die Begründungen, die gemeinhin vorgetragen werden. Am 27. Juli 1656 wird Spinoza exkommuniziert. Es wird verboten, ihn zu lesen oder auch nur mit ihm zu sprechen. Er muss in die Verbannung.

Eines Abends kurz vor seinem Ausschluss streift der Tod ihn ein erstes Mal, in der Nähe der alten portugiesischen Synagoge von Amsterdam. Plötzlich springt ein mit einem Dolch bewaffneter Mann auf ihn zu. Spinoza kann dem Hieb in letzter Sekunde ausweichen. Die Klinge zerschneidet seine Kleider. Sogar die Wäsche wird durchtrennt, der Philosoph bewahrt sie auf und lässt sie gern von seinen Besuchern bestaunen. Wie kommt es, dass ein liebenswürdiger und zuvorkommender Mensch wie er so viel Hass auf sich zog? Wie konnte dieser gebrechliche Asket bloß als Bedrohung empfunden werden?

Mal sehen, was mir zu Spinoza einfällt. Er ist ein südländischer Typ, mit samtener Haut und langen schwarzen Locken. Ein ebenso schwarzer durchdringender Blick. Ein schmächtiger Körper, dem die Schwindsucht strengste Diät auferlegt: in den üppigen Zeiten zwei halbe Pinten Wein im Monat, ansonsten muss eine Milchsuppe mit einem Stück Butter und ein Krug Bier am Tag reichen. Oder auch Grütze mit Rosinen und Butter. Körperlich ist Spinoza ein Gespenst. Ein Schatten, der ganze Wochen in seinem Zimmer verharren kann.

Einsamkeit. Askese. Auch Armut. Zeitgleich mit seiner Exkommunikation zieht Spinoza sich von den Geschäften zurück und verzichtet auf das väterliche Erbe, von dem ihm nur ein Bett bleibt. Fortan verdient er sein Geld als Linsenschleifer. Ein Philosoph als Optiker, wie kurios! Zumal der Glasstaub seinen Gesundheitszustand arg verschlechterte … Obwohl er hochwertige Arbeit leistet, wirft dieser Beruf nur wenig Geld ab. Der Kommentar des Philosophen zum wirtschaftlichen Ertrag seiner Tätigkeit: »Eine Schlange, die sich selbst in den Schwanz beißt.« Denn trotz seines elenden Daseins gibt Spinoza seinen Humor nie auf. Als sich einmal ein Gast abfällig über seinen schäbigen Morgenrock äußert, kontert der Philosoph: »Es gehört sich nicht, etwas Nichtiges und Wertloses edel einzupacken.« Überflüssiges abwerfen, nur das Lebensnotwendige besitzen: Der Häretiker von Amsterdam hat etwas von einem weisen Kyniker. Nach Spinozas Tod stellt sein Wirt fest, dass er so gut wie nichts hinterlassen hat: ein paar Urkunden und Grafiken, geschliffene Linsen, optisches Werkzeug, unnützer Kleinkram, Wäsche, das alte Bett und zwei rote Vorhänge. Der einzige, spärliche Glanz unter dem alten Plunder: ein Paar Ohrringe. Ohne die Hilfe mächtiger Freunde, von denen er im Übrigen nur das Allernötigste annahm, hätte er nicht überleben können.

Spinoza lebt in Armut, irrt von einem möblierten Zimmer zum nächsten. Nach Amsterdam kommt Rijnsburg, wo der Philosoph seine ersten Schriften publiziert und sein Hauptwerk beginnt, die *Ethik*. Dort hat er Umgang mit dem ultra-toleranten christlichen Milieu. 1663 zieht er in die Umgebung von Den Haag und durchlebt dort eine politisch wichtige Phase. Spinoza begegnet Johan de Witt, Anführer der republikanischen Partei. De Witt protegiert Spinoza. Er ist ein ganz untypischer Anführer, der es sich in den Kopf gesetzt hat, der Vernunft Eingang in die Politik zu verschaffen. Als Mann des Friedens und der Toleranz ist er ein Gegenspieler der Monarchisten und der calvinistischen Theologen. Tatsächlich werden die Brüder de Witt kurz nach ihrer Entmachtung am 20. August 1672 von der Menschenmenge aus ihrer Zelle gezerrt und öffentlich gelyncht. Die Autoritäten lassen es geschehen. Als Spinoza davon hört, will er sich mit dem Pöbel anlegen. Man muss ihn zu seinem eigenen Schutz in sein Zimmer sperren. Daraufhin hört Spinoza auf zu publizieren – zu gefährlich. Sein Werk erscheint postum.

Obwohl – oder gerade weil – Spinozas Leben so

harten Prüfungen ausgesetzt ist, ist in seiner Philosophie für den Tod kein Platz. Im Unterschied zu vielen anderen Philosophen hat Spinoza nie versucht, ihn zu denken. »Der freie Mensch denkt an nichts weniger als an den Tod; und seine Weisheit ist nicht ein Nachsinnen über den Tod, sondern ein Nachsinnen über das Leben«. So weit seine Beschäftigung mit dem Tod. Minimalistisch. Mikroskopisch.

Spinozas Mensch hat nichts zu schaffen mit jenem tristen Pärchen Seele und Körper, auf das die philosophische Tradition im Allgemeinen und Descartes im Besonderen ihn reduziert. Er ist ihre Gesamtheit, ihre Verknüpfung, ihr Einvernehmen. Ich stelle mir eine erfreuliche Situation vor? Schon empfinde ich Freude. Mir tut etwas weh? Sofort denke ich an den Schmerz. Es gibt keine Unstimmigkeit, keinen Riss zwischen Seele und Körper, sondern Übereinstimmungen, Wechselseitigkeiten und Parallelität. Und was noch erstaunlicher ist: Der Körper endet nicht dort, wo unser Wissen über ihn endet, ebenso wenig wie das Denken bei unserem Bewusstsein für dasselbe. Unser Sein reicht in einen Bereich, der sich uns entzieht, in eine umfassendere Wirklichkeit, deren Kräfte und Mechanismen uns fremd bleiben. In diesem Bereich ist alles determiniert, während unser freier Wille nur Illusion ist. Wir halten uns für die Ursache, wo wir nur die Wirkung sind, halten uns für die Gebieter über Bedingungen, die ihr Spiel mit uns treiben, wir erscheinen uns als solide und konkrete Realität, wo wir in Wirklichkeit nichts als Widerschein oder optische Täuschung sind.

Das Wesen des Menschen liegt nicht im Denken, sondern im Begehren. Auch hier lässt Spinoza völlig neue Töne erklingen. Das Begehren ist kein Mangel, kein Entzug, keine Unzulänglichkeit des Seins. Es ist, was er *conatus* nennt, ein »Streben«. Es ist ein Drang, eine positive Energie, eine »Lebenskraft«. Und diese Kraft verfolgt das Ziel, sich selbst zu vermehren. In dieser Bewegung dürfen wir teilhaben am großen Ganzen der Natur. Mensch, Gott, Natur – alles nur Ausformungen einer einzigen Realität: »Die Kraft des Menschen ist ein Teil der unendlichen Macht Gottes oder der Natur.«

Nicht nur die Seele, auch der Körper eines Arbeitslosen leidet. Das habe ich am eigenen Leibe erfahren: In den ersten sechs Monaten war mein rechter Arm gelähmt und weigerte sich, mir zu gehorchen. Zwar wird diese statistisch erwiesene Tatsache lieber vergessen, doch hat das Nichtstun in der Tat negative Auswirkungen auf den Gesundheitszustand des Arbeitssuchenden. Der Körper wird zur Zielscheibe einer ganzen Kohorte von charakteristischen Krankheitsbildern, die sowohl die Psyche betreffen (Depression, Kopfschmerz, Schlaflosigkeit, Schwindel usw.) als auch die Haut (Ekzeme, Schuppenflechte und allergische Reaktionen), den Verdauungstrakt (Bauchkrämpfe, Magengeschwüre), das Herz-Kreislauf-System (Infarkt) sowie das Verhalten (Alkoholismus, übermäßiger Tabakkonsum, Gewalt gegen andere und gegen sich selbst). Ein der Arbeit beraubter Körper ist ein bedrohter, dem Risiko der Übersterblichkeit ausgesetzter Körper, denn die Arbeitslosigkeit ist ein Katalysator für latente Krankheiten. Mal wachsen Krankheit und Tod langsam im Körper heran, mal schlagen sie willkürlich zu.

Bei mir war es also der Arm – eine überraschende Diagnose, die normalerweise Berufstätige trifft. Vielleicht ein Effekt von Verschiebung, ein verspätetes Burn-out-Syndrom, nachdem ich als PR-Chef permanent überarbeitet war, ohne es zu merken.

Ich erinnere mich noch genau an die Zeit, als die Krankheit auftauchte. Es war einen Monat vor meiner Entlassung. Die letzten Winterferien mit der Familie auf Guadeloupe. Wir hatten uns gerade in der weiß getünchten Villa eingerichtet, die wir in den Hügeln von Sainte-Anne gemietet hatten. Ich saß auf der Treppe, rauchte eine Zigarette und betrachtete das Meer. Erst war es kaum wahrnehmbar, nur so ein leichtes Kribbeln, das ich auf das viele Kofferschleppen schob. Kurz nach meiner Entlassung wurde aus dem Brennen ein ziehender Schmerz und dann ein echtes Handicap. Ich konnte nichts mehr in der Hand halten, und was noch schlimmer war, ich konnte nicht mehr schreiben. Einen Stift zu greifen oder die Computermaus zu bedienen kostete mich unglaublich viel Zeit und einen unerträglichen stechenden Schmerz, der vom Nacken bis in die Fingerspitzen reichte. Die Diagnose nach dem Röntgen: Halswirbelarthrose mit Papageienschnäbeln, vermutlich hatte sich durch die ständige Reibung ein Nerv entzündet … Schocktherapie, Behandlungen, Spritzen, nichts half. Zur Schmach des verlorenen Jobs gesellte sich nun noch die Krankheit.

Ich rannte zu mehreren angeblichen Spezialisten

und sogar zu einem Heiler. Es half nichts, und das trotz der hohen Honorare, die mir niemand erstattete. Die Schmerzen und die Lähmung in meinem Arm blieben. Die Ärzte von heute sind nicht besonders ausdauernd. Eine Niederlage lässt sich nicht mit ihrem Stolz vereinbaren. Nach zwei erfolglosen Behandlungen legte mir einer von ihnen nahe, besser nicht wiederzukommen …

Schließlich fand ich einen motivierten jungen Osteopathen. Nach drei Sitzungen bei ihm war mein Arm fast wieder vollkommen einsatzbereit. Er tastete und klopfte mich lange ab, mit sanftem Druck. Und vor allem redete er mit mir. Ich spürte, wie schwer mir das Reden fiel, als wäre ich monatelang in Schweigen versunken. Ich redete einen Haufen Oberflächlichkeiten, unter anderem, dass ich gerne schreiben würde. Er nahm mich gleich beim Wort: »Das ist ein echtes Projekt!« In diesem Moment konnte ich die Kräfte, die meinen Arm mit einer dicken Schicht Stacheldraht fesselten, förmlich spüren. Aber was noch wichtiger war: Ich ließ den Schmerz zu, ich akzeptierte ihn und nahm ihn an.

Einige Wochen lang redete ich mir zu, sobald der Schmerz durch meinen Arm fuhr, und dieser innere Dialog mäßigte ihn. Ich nahm alte Gewohnheiten wieder auf, ging auch wieder joggen. Der Schmerz ist nie ganz verschwunden, aber ich kann ihn ertragen. Und ich schreibe.

Mit der Einheit von Körper und Seele hat Spinoza recht. In meinem Leben als PR-Chef war es immer mein Körper, der leiden musste, nie ich. Ich war nie krank, nur meine Knochen wollten manchmal nicht so recht. Mein Körper war wie eine Maschine, die ständig auf Hochtouren lief. Die Erkrankungen verkrochen sich tief in meinen Organen und Muskeln. Zum Auskurieren war keine Zeit. Alles in allem hatte ich eine solide Gesundheit, ich konnte gut mithalten.

Als Arbeitsloser war plötzlich *ich* der Kranke. Ich brauchte lange, um zu verstehen, was mir der Schmerz in meinem Arm mitteilen wollte. Die Krankheit offenbarte, wie sehr ich unter den Frondiensten litt, die ich in meiner Firma zu leisten hatte; sie war schon lange in meinem Arm verborgen gewesen. Sie überbrachte mir die erschreckende Nachricht, dass ich seit vielen Jahren unter der Unterjochung durch meinen Beruf litt. In Wahrheit war ich nur der Federhalter anderer Leute gewesen! Und jetzt, wo es die anderen nicht mehr gab, blieb nichts als der Phantomschmerz dieser aberwitzigen Anstrengung. Da die Feder sich in Luft aufgelöst hatte, hatte das Halten der Feder jeden Sinn verloren.

Als Arbeitsloser ist man mehr oder weniger gezwungen, ein Leben wie Spinoza zu führen. Bescheidenes Einkommen, schlichte Garderobe, Isolation, bisweilen Krankheit. Nur dass man hier nicht dem eigenen Genie Raum schafft, sondern bloß einem banalen gesellschaftlichen Unfall zum Opfer gefallen ist. In seiner selbstgewählten Einsiedelei organisierte Spinoza Spinnenkämpfe oder warf Fliegen in ihre Netze. In meinem Badezimmerspiegel wiederum gehen keine Insekten zugrunde, sondern Identitäten, verschiedene Zustände meiner selbst. In dem wirren Kampfgetümmel mache ich schließlich die beiden

Hauptrivalen aus: den PR-Chef und den Anti-PR-Chef. Der Erste ringt wütend mit dem Tode, begehrt voller Verbitterung auf, während die Existenz des Zweiten noch recht vage ist, vergleichbar mit jener unsichtbaren dunklen Materie, mit der Astrophysiker das Universum zu erklären versuchen. Und er besitzt die Leichtigkeit von Spinoza, der sich heute Morgen als wohltuende Identifikationsfigur anbietet. Der liebenswürdige, verletzliche, lebendige Spinoza.

Die Trauer ist der Feind des Menschen. Trauer verstanden als Oberbegriff für negative Affekte wie Hass und Verachtung für andere und sich selbst, Neid, Reue, Scham, Zorn, Rache, Grausamkeit … Das endlose Geleit des Trübsinns, das uns hinabzieht in die niederen Gefilde unserer Lebenskraft. Die Traurigkeit, die wir erleiden, ausbeuten, verstärken. Knecht, Tyrann, Prediger: Das sind die drei Personifikationen der negativen Leidenschaften. Ihnen entsprechen Entfremdung, Manipulation und Aberglaube – diesen geballten Ressentiments setzt Spinoza die Kraft der Freude entgegen. »Die Begierde ist des Menschen Wesenheit selbst, das heißt das Streben, mit dem der Mensch in seinem Sein zu beharren strebt. Daher wird die Begierde, die aus einer Freude entspringt, durch eben den Affekt der Freude selbst gefördert oder vermehrt.« Der verbannte, einsame, arme, kranke Spinoza ist ein Denker des Lebens, der Befreiung des Lebens.

Aber ich bin nicht Spinoza. Die Gefahr, dass ich von einer wie auch immer gearteten Euphorie gepackt und getrieben werde, ist äußerst gering. Bei mir ist jede Art von Freude gehemmt, blockiert, tabu.

Folglich habe ich auch nicht die leiseste Ahnung, wie ich die Freude vermehren und eine die Begierde noch steigernde Kraft aus ihr ziehen soll. Bei mir kann die Freude nicht der Freude entspringen. Ich habe sogar das Gefühl, dass sie nur der Unlust entspringen kann, die in meiner Mutlosigkeit eine unerschöpfliche Kraft findet und sich sogar verstärkt, obwohl Spinoza sie ablehnt und verurteilt. Was ist der Grund dieser abgrundtiefen Negativität? Was verbirgt sich dahinter? Die Antwort auf diese Fragen muss ich wohl woanders suchen, in den Tiefen meiner unbewussten Leidenschaften, meiner unausgesprochenen Gefühle. Darüber muss ich nachdenken.

Ich meditiere über mein Leben. So lässt sich mein Projekt skizzieren. Das Wort »meditieren« stammt aus dem Lateinischen und bedeutet so viel wie »nachsinnen, sich versenken«. Der Meditierende befasst sich also mit sich selbst, und er lernt dabei etwas über sich, er erfährt und entwickelt sich – er *arbeitet* an sich. Die Philosophie, die ich einst barsch zurückwies, weil sie mich von meiner Tatkraft und Lebenslust abzuhalten schien, übt plötzlich eine ungeahnte Anziehungskraft auf mich aus. Sie wird mir wieder nützlich, sie wird mir zum Allernützlichsten überhaupt, sie hilft mir zu leben, besser zu leben.

Das Medium meiner Meditationen ist das Schreiben. Morgens früh gehe ich in mein Arbeitszimmer, das ich mir endlich im Keller unserer Villa eingerichtet habe – eine der Errungenschaften dieser Lebensphase. Nach monatelanger physischer Blockade habe ich nun wieder die Möglichkeit und das Verlangen zu schreiben. Jahrelang musste ich für andere schreiben. Als Journalist Artikel, als Kommunikationsfachmann eine Flut von Texten für Prospekte, Zeitungen, Strategiepapiere, Reden, Sonderbeilagen und was weiß ich … Mein Lebensweg ist gepflastert mit unzähligen eilig abgefassten und dazu nichtssagenden Schriften für kurzfristige, überdrehte und bisweilen völlig irreale Zwecke.

All das ist vorbei: Nun schreibe ich nur noch für mich. Ich entreiße meinem beruflichen Nichts die Freiheit zu schreiben. Völlig unangetastet von einem Auftrag kann ich üben, herumprobieren, mir mein Thema selbst suchen und so allmählich zurückfinden zu meiner eigentlichen Tätigkeit, zu dem Spiel, das mir liegt, zu meiner Freude.

Computer, Internet und eine kleine Bibliothek, mehr nicht, denn das Geld ist knapp: Genügsam und bescheiden taste ich mich schreibend voran. Heute habe ich nur eine einzige Verabredung auf dem Programm, mit meinem Freund Jacques.

Dritte Meditation

Über die Wiedergeburt nach dem Tod

Es gibt ein Leben nach dem Tod, lehrt uns Pythagoras, genialer Mathematiker und Astronom, geistiger Führer und Schöpfer des Begriffs »Philosophie«. In Kroton, einer wohlhabenden Stadt im heutigen Kalabrien, gründet diese legendenumrankte, vom östlichen Rand der griechischen Welt stammende Figur im 6. Jhdt. v. Chr. eine mysteriöse Schule, in der die Theorie der Metempsychose, der Seelenwanderung, gelehrt wird. Und hier werden er und seine Schüler ermordet, weil sie sich in die Kämpfe zwischen rivalisierenden Nachbarstädten einmischten.

Geht es bei Arbeitslosigkeit und Philosophie um dieselbe Art von Kampf? Zumindest ähneln sich die beiden als zwei Formen von angespannter Erwartung. In beiden Fällen macht man sich auf eine Suche, in der sich das Objekt der Begierde ständig entzieht. Woher kommt das Wort »Philosophie«? Ich begebe mich auf die Suche, und meine Nachforschungen führen mich zu Pythagoras. Neben »Mathematik« und »Kosmos« hat er auch diesen Begriff geprägt, und wenn man der Legende glaubt, in einem Wimpernschlag. Leon, der Herrscher von Phleius und ein Bewunderer des Pythagoras, fragt ihn eines Tages, ob er ein Weiser sei. Die bescheidene Antwort: »Nein, ich bin nur ein Freund – oder ein Liebhaber – der Weisheit. Ich liebe sie, aber ich besitze sie nicht, ich suche nach ihr.« Diese kurze Antwort genügte. Zweieinhalb Jahrtausende später gibt es den Begriff und die Disziplin immer noch. Heutzutage würde man Pythagoras zweifellos den Nobelpreis für Wirtschaft verleihen, und zwar für seine Glanzleistungen auf einem Gebiet, das Marketing-Profis »Positionierung« nennen, also die Einführung einer Marke im Bewusstsein der Konsumenten.

Leon ist nicht so dumm, wie man meinen könnte. Er bohrt weiter und möchte wissen, welchen Unterschied es zwischen einem Weisen und einem Philosophen gibt. Pythagoras antwortet, man könne das menschliche Leben vergleichen mit einem sportlichen, wir würden heute sagen: Großevent, wie sie bei den Griechen so beliebt waren. Manche sind hier, um im Wettkampf Ruhm zu erlangen, andere wollen gute Geschäfte machen, und wieder andere – die Vornehmsten unter ihnen –, um sich das Spektakel anzusehen. Man sieht auf den ersten Blick, dass sich in den vergangenen zweieinhalbtausend Jahren nichts geändert hat. Der Philosoph gehört zur dritten Kategorie: Er ist ein Anhänger der Kontemplation. Er distanziert sich vom Geschehen, sucht in der Beobachtung der anderen und der Welt nach Wahrheit und Weisheit. Und er ist ein selbstloser Mensch. Da Pythagoras nichts geschrieben hat, wissen wir kaum etwas über seine Protophilosophie. Zum Glück haben seine Schüler hier und da ein paar Brocken seiner Lehre überliefert. So verdanken wir den Pythagoreern die Gewissensprüfung. Eine späte Schrift, die im 3. Jhdt. unserer Zeitrechnung unter dem Titel *Das Goldene Gedicht* in Umlauf kam und den Neupythagoreern zugeschrieben wird, sammelte Gebote der Lebensführung wie folgendes: »Lass sich auch nicht den Schlaf auf die müden Augen dir senken, ehe du dreimal die Werke des Tages einzeln durchdacht hast: Was war ein Fehler? Was hab' ich vollbracht? Was an Pflicht nicht erledigt? Wenn du Böses getan hast, so tadle dich; war's aber Gutes, so freu' dich! Das wird dich auf den Weg zur göttlichen Tugend hinleiten.«

Die Welt als Spektakel, das Ich als Schauplatz eines inneren Wettkampfs – für einen Embryo der Philosophie ist das schon eine ganze Menge. Rufen wir uns kurz eine zweite Regel aus dem *Goldenen Gedicht* in Erinnerung, die uns später noch nützlich sein könnte: »Lass dich von niemand verleiten, mit Worten oder mit Taten, etwas zu tun oder etwas zu sagen, was nicht für dich gut ist!« Schon in ihren Anfängen erweist sich die Philosophie als eine Disziplin des Widerstands und der Freiheit. Als Arbeitssuchender versuche ich zwischen den Klippen der Zukunft und eventuellen Fehltritten der Vergangenheit eine Brücke zu schlagen. Lässt sich aus dem, was ich war, was ich nicht mehr bin und was ich werden kann, etwas lernen?

Was geht dem großen Lehrmeister durch den Kopf, als der hasserfüllte Mob ihn und seine Gemeinschaft durch die Straßen von Kroton jagt? Hat er Angst vor dem Tod, als die Stunde des Blutbads gekommen ist? Oder erwartet er – der als einer der Ersten in der Welt der Griechen die Unsterblichkeit der Seele lehrt – ihn gar wie eine Erlösung?

Die Griechen jener Zeit, vor allem die Angehörigen der wohlhabenden Oberschicht, sind in der Tat glückliche Menschen. Umgeben von Sklaven, die für sie schuften, und von vertrauten, nach ihrem Ebenbild geschaffenen Göttern führen sie ein unbeschwertes Leben. Sie kultivieren die Lebenslust und fürchten den Tod nur aus dem einen Grund, dass er dem angenehm dahinplätschernden Wohlsein ein Ende macht. Glück, Gerechtigkeit, Ruhm und Reichtum: All dies gibt es hier unten auf Erden. Die Vorstellung von einer Erlösung oder einer Vergeltung nach dem Tod ist ihnen vollkommen fremd. Wenn das Jenseits, der Hades, existiert, dann als ein Ort voller Nebel und Finsternis, eine Wüste der Traurigkeit, in der die Seelen wie Geister umherirren. Im elften Gesang der *Odyssee* hat Odysseus das Privileg, diese trostlose Zwischenwelt zu besuchen. Er unterhält sich kurz mit der Seele seiner Mutter. Als er sie wiederholt zu umarmen versucht, weicht sie ihm aus und erklärt: »Dasselbe Los trifft alle, welche da sterben. Nicht mehr halten die Sehnen das Fleisch und die Knochen zusammen, sondern des lodernden Feuers mächtige Stärke vernichtet alles, sobald das Leben verlässt die weißen Gebeine, und die Seele entschwebt und fliegt umher wie ein Traumbild.« Und auch Achill, der einstige Held des Trojanischen Krieges und nun Herrscher über die toten Seelen, klagt an diesem Ort der Trugbilder und des Elends: »Lieber wollt ich als Tagelöhner den Acker bestellen bei einem armen Mann, der nicht viel hat an Besitztum, als über alle die Toten, die hingeschwundenen, herrschen.«

Als einer der Ersten bietet Pythagoras eine Alternative zu der alten religiösen Überzeugung, nach der sich die Seelen Verstorbener in Schatten verwandeln. Dem Tod und dem Hades stellt er die Theorie der Metempsychose oder Seelenwanderung entgegen. Zwar wandert die Seele nach dem Ableben sehr wohl in den Hades, allerdings nur um sich zu reinigen, bevor sie in einem anderen Körper zu neuem Leben erwacht. So bleibt die Seele in ewiger Wiederkehr dem Kreislauf des Lebens in unterschiedlichen Formen erhalten: als Mann, Frau, Tier oder Pflanze. Nur durch ein vollkommen tugendhaftes Leben lässt sich diese stetige Wanderschaft beenden. Pythagoras schöpft diese Theorie aus den Lehren der Brahmanen, die von Indien bis in den Nahen Osten gelangten.

Im Übrigen behauptete Pythagoras, selbst den Zyklus der Metempsychose durchlaufen zu haben und sich sogar daran zu erinnern. Angeblich lebte er schon sein viertes Leben, nachdem er zuvor Hetäre, Held des Trojanischen Krieges und einfacher Fischer gewesen sei. Man erzählt sich, eines Tages habe er das Bellen eines Hundes gehört und sei losgerannt, um ihn zu retten, weil er die Stimme eines verstorbenen Freundes zu erkennen glaubte. Er soll sich auch vier Jahre lang in einer Höhle verborgen haben, um seine Wiederauferstehung vorzutäuschen. Bei allem Spott und Fabuliererei hatten es die Griechen doch Pythagoras zu verdanken, dass sie nun die Wahl hatten zwischen einem Dasein als Spukgestalt und der Rückkehr in die Welt der Lebenden.

Auch ich warte auf meine Rückkehr … Ich irre durch den Hades der Arbeitslosigkeit und verharre in einem Zustand, den Kundera »Halbschatten der Entpersönlichung« nennt. Wer beim Arbeitsamt stempeln geht, ist geächtet, verbannt, exkommuniziert. Wer sich in die Unterwelt der Arbeitssuchenden begibt, muss darauf gefasst sein, dass seine Identität sich auflöst und zerfällt. Er mutiert zu einer toten Seele unter den Lebenden.

Die letzten Augenblicke des Pythagoras sind ziemlich aufsehenerregend. Man sagt, er habe sich am Rande eines Bohnenfelds die Kehle durchschneiden lassen. Die Gemeinschaft der Pythagoreer folgt damals geheimen Riten, unterwirft sich einem Kanon von Verboten. Einige Regeln muten richtiggehend komisch an: nicht mit einem Messer im Feuer herumstochern, nicht über eine Waage laufen, die Spuren des Kochtopfs in der Asche verwischen, sich auf der Reise nicht an der Grenze umdrehen, das Brot nicht brechen, sich in den Latrinen nicht beim Schein einer Fackel abwischen … Möglicherweise sind diese seltsamen Maximen metaphorisch zu verstehen. Vielleicht sollten sie den Schülern eine Hilfe sein und sie bei der physischen Reinigung und dem spirituellen Aufstieg unterstützen. Zum Beispiel könnte das Gebot »Laufe nicht über eine Waage« nichts anderes meinen als: »Nimm Gleichheit und Gerechtigkeit nicht auf die leichte Schulter, denke und handle entsprechend deiner Vorstellung von Gerechtigkeit.«

Die merkwürdigste Regel bleibt wohl das Verbot, Bohnen zu verzehren. Die Rolle, die diesem Gemüse in der pythagoreischen Mystik zuteil wird, bot Anlass zu einer Vielzahl von Interpretationen. Einige führen das Tabu darauf zurück, dass die Form der Bohnen den männlichen Hoden ähnelt! Andere behaupten, sie erinnerten an die Tore des Hades. Ein Pythagoreer namens Jamblich sieht in dem Verbot eine antidemokratische Voreingenommenheit, denn die Amtsträger wurden mit Hilfe von Bohnen ausgelost. Ein anderer, Porphyrios, schlägt vor, das Fehlen von Knoten in ihren Stängeln ließe die Seelen der Toten aus dem Hades zum Licht aufsteigen. Was Diogenes Laertius angeht, so vertritt er die eher triviale Meinung, die schwer verdaulichen Bohnen würden – in Form von Gas – das Wesen der Seele (die im Griechischen *psyché* heißt, also »Lebenshauch«) in allzu konkreter Weise manifestieren … Aufgeladen mit religiöser Symbolik und mit anziehenden und abstoßenden Kräften versehen, genießen die Bohnen fast den Status der Unantastbarkeit.

Es bleibt schwer nachvollziehbar, dass ein Mann vom Format des Pythagoras für ein paar Bohnen sein Leben gibt. Und erst recht, dass er seine Anhänger mit sich in den Tod reißt und so eine ganze Schule auflöst, die vierzig Jahre lang großen Einfluss in der griechischen Welt hatte. Sicher muss man diese Version von Pythagoras' Tod seinen Gegnern zuschreiben. Auch die diametral entgegengesetzte Hypothese ist denkbar. Bis zum Schluss bleibt Pythagoras sich selbst und dem im *Goldenen Gedicht* niedergelegten Prinzip treu: »Lass dich von niemand verleiten, mit Worten oder mit Taten, etwas zu tun oder etwas zu sagen, was nicht für dich gut ist!« Der religiöse Anführer stirbt im Einklang mit seinem Wunsch und seinem Berufsethos. Als der Angreifer mit dem Dolch ausholt, flüstert der Weise ihm zu: »Nein, ich rühre mich nicht. Du kannst deine Klinge in meine Kehle rammen, ich werde nicht über Bohnen laufen. Du kannst mich töten, aber meine Seele bekommst du nicht, die ist unsterblich. Sie ist bereit, zu entschweben, sie entkommt dir.« Der Tod am Bohnenfeld ist ein stolzer, mutiger Tod und der Augenblick der Wahrheit, der Höhepunkt eines hoffnungsfrohen Lebens.

An der Straße zum Flughafen, an den Stränden vorbei, wirkte der Sitz des Unternehmens wie ein kleiner, sternförmiger Luftwaffenstützpunkt. Sobald ich die Schranke passiert hatte, betrat ich eine Welt, mit der ich im Einklang war. Gerüche, Farben, Männer und Frauen, ein Büro, eine Sprache und bestimmte Projekte. Gewohnheiten, Rituale, aber auch die Gewissheit, jeden Tag etwas Neues vorzufinden, Veränderungen und Überraschungen. All dies gab mir mein Job, trotz aller Spannungen, Konflikte und einem berstenden Terminkalender. Jeden Morgen eine neue Welt und das Gefühl, mit ihr und in ihr zu leben.

Mit der Arbeitslosigkeit kam mir diese Welt abhanden. Und ebenso die Gewissheiten des Alltags. Plötzlich ist die Wirklichkeit nicht mehr selbstverständlich, man muss sich eine neue suchen. Am Anfang nahm ich diese Suche noch sehr ernst, stürzte mich vorbehaltlos in die Erforschung dieses Neulands. Erste Bilanz: sehr wenige Stellenangebote und unzählige Bewerber. In dem Milieu, in dem ich jahrelang gelebt hatte, wimmelte es von immer neuen Journalisten, PR-Chefs, Presse-Attachés, Beratern, Agenturchefs, Geschäftsführern und Auserwählten, doch von dem ganzen summenden Bienenvolk war im Anzeigenteil keine Spur zu sehen. Wie weggezaubert. Denn der richtige Stellenmarkt ist verborgen und auf den ersten Blick unsichtbar. An der Oberfläche schwimmen nur die Trostpreise: magere Einstiegsjobs für Webmaster, lächerliche Gehälter, unsittliche Angebote. Und natürlich nichts für Vierzigjährige. Der Ausdruck »Senior« ist im Jargon der Stellenanzeigen reserviert für Bewerber mit fünf bis zehn Jahren Berufserfahrung, alles darüber landet in einem schwarzen Loch. Wie viele trostlose Stunden verbrachte ich vor dem Bildschirm meines Computers und starrte auf jämmerliche Einträge, die noch dazu oft von den spezialisierten Jobbörsen abgekupfert waren. Ein eindrucksvolles und faszinierendes Vakuum.

Eine weitere Absurdität, der ich im Laufe meiner idiotischen Sucherei begegnete, war das hochheilige Duo Lebenslauf und Bewerbungsschreiben. Ich stellte fest, dass es einen regelrechten Markt mit Fachzeitschriften, klugen Büchern und, wie könnte es anders sein, Webadressen zu diesem Thema gibt. Generell hört man aus allen fachkundigen Mündern, wie wichtig und entscheidend diese schriftlichen Fetische sind. Da in meinem früheren Leben als Vorgesetzter Hunderte davon auf meinem Schreibtisch landeten, kenne ich den Bestimmungsort solcher Dokumente nur zu gut. Und nun wollten sie mir tatsächlich weismachen, meine Zukunft hinge von ihnen ab. Meinetwegen. Doch sobald es um die Details ging, wurde meine Skepsis nur größer. Mit jeder Zeile meines Lebenslaufs stand ich vor einem neuen Problem. »Setzen Sie Ihr Alter ruhig in Klammern dahinter, das unterstreicht Ihre Erfahrung« oder aber: »Lassen Sie ihre neunundvierzig Jahre lieber unter den Tisch fallen« – was war denn nun richtig? Und sollte ich für die chronologische Sortierung optieren oder lieber den Rückblenden-Modus vorziehen? Kurz und bündig bleiben oder ausführlich werden? Da ich keine eindeutige Antwort auf diese verwirrenden Fragen fand, entschied ich mich für die goldene Mitte. Zurückhaltend und unaufdringlich. Foto in Schwarzweiß, schlichte und elegante Typographie. Auf dem Foto erkannte ich mich wieder. Es zeigte den, der ich damals zu sein glaubte: ein zerbrechlicher, aber doch attraktiver Typ. Ich präsentierte das Ergebnis einem meiner Söhne. Kommentar: »Hast du nichts Besseres?« – »Nein, und auch das Foto bleibt!«

Ich lese mir heute noch einmal mein Curriculum Vitae durch. Zwischen den Zeilen erblicke ich die Stationen meiner Karriere. Ich erinnere mich an günstige Gelegenheiten und Rückschläge, an Begegnungen und Konflikte, an bewusste Entscheidungen und an Dinge, die sich einfach so ergaben, all dies sehe ich mikroskopisch klein vor mir, die Kette der Zufälle eines beruflichen Werdegangs. Nichts von alldem schlägt sich in der schriftlichen Form nieder, und doch ist es entscheidend. Im Vergleich zu dem überbordenden und bisweilen erquickenden Fluss eines Berufslebens ist das Curriculum Vitae ein ungenießbarer Tümpel von Brackwasser. Ich habe das Gefühl, ich hielte die Gebrauchsanweisung eines Gegenstandes in den Händen. CV: Diese beiden Buchstaben resümieren einen lateinischen Ausdruck, der das Leben als etwas Laufendes begreift. Ich vergewissere mich in meinem Wörterbuch der lateinischen Sprache: *curriculum* ist auch der Austragungsort eines Wettrennens, eine Laufbahn. Es ist äußerst aufschlussreich, dass der Arbeitsmarkt des grassierenden Neoliberalismus sich an der Kultur der Zirkusspiele orientiert. Und auf diesem Markt, ob es Pythagoras gefällt oder nicht, ist es schwierig, in den Zuschauerreihen zu verharren!

Hin und wieder schnappt man zufällig wichtige Informationen auf. Dann kann es passieren, dass man an Headhunter gerät, die dafür bezahlt werden, eine Vorauswahl zu treffen und eine sogenannte *short list*, also das Schlussbild anzufertigen. Mit dem menschlichen Faktor vergeuden diese Leute keine Sekunde. Sie legen prinzipiell eine ungeheure Selbstgefälligkeit an den Tag und verstecken ihre Kompetenzen. Im Grunde sind sie nichts anderes als die Moderatoren einer großen gesellschaftlichen Show, in der es letztlich nur ums Ausscheiden geht, wie in den Fernsehsendungen, die Jugendliche und Erwerbslose so lieben.

Die Jobsuche kostet also unglaubliche Energie, doch am Ende geht es nur darum, das menschliche Gesicht zu verlieren, verdinglicht zu werden. Ich habe eine Familie, erfreue mich guter Gesundheit und besitze genug Geld zum Überleben, auch wenn wir unsere Ausgaben etwas eingeschränkt haben. Ich kann mir vorstellen, was diese Prüfung für jemanden bedeutet, der weniger abgehärtet ist als ich, weniger gut ausgebildet, vermögend und geliebt. Man braucht gigantische Kräfte und das innere Feuer eines Gurus, um die Verzweiflung, die Schuldgefühle, den Überdruss und die Ausgrenzung zu ertragen. Kein Wunder, dass viele aufgeben, alles hinschmeißen und in der Gosse landen.

Als ich eines Morgens wieder einmal auf dem Weg zu einem aussichtslosen Vorstellungsgespräch war, wurde ich in Montpellier heftig von einem Rucksackträger angerempelt. Die Schnallen seiner Gurte verhedderten sich an meinem Ärmel und zerrissen ihn. Einer der letzten noch vorzeigbaren Anzüge … Ich spürte die Wut in mir aufsteigen, dann aber nach einer Sekunde verfliegen. Das war kein Zusammenstoß mit einem Wilden. Ich hatte nur Kontakt zu einer anderen Welt aufgenommen. Es gab Menschen, die Arbeit hatten, Menschen, die noch nach Arbeit suchten, und Menschen, die gar nichts mehr besaßen. Der Typ, der sich von dannen machte, ohne sich noch einmal umzuwenden, gehörte zur dritten Kategorie, zu der ich mich vielleicht auch eines Tages zählen musste. Was ihn von mir unterschied, war möglicherweise nur eine Frage des Stadiums.

Bei der Arbeitssuche fehlen das Ersehnte und sogar die Bedingungen seiner Möglichkeit. Eine vergebliche und sinnlose Suche, denn das Ersehnte ist unerreichbar, und das Wissen um diese Entbehrung fruchtet nichts, bringt einen nicht weiter. Man dreht sich im Kreis wie ein Tier in seinem Käfig.

Auch in der Philosophie geht es um eine Suche. Doch der Suchende und das Gesuchte sind dem Wesen nach gleich. Und dann ist da noch dieser Antrieb, dieses Streben. Es gibt ein Ziel, das sich immer wieder entzieht und die Suche neu belebt. Das ist das Gegenteil von Lähmung und Versklavung.

Ich kehre zurück nach Kroton, auf den Spuren des rätselhaften Pythagoras. Es kommt nicht in Frage, dass ich am Rande des Bohnenfelds der Arbeitslosigkeit verharre. Ich unterziehe mein Gewissen einer eingehenden Prüfung – niemand wird mich dazu verleiten, etwas zu tun, was nicht für mich gut ist. Ich trete auf die Terrasse und schreie: »Ich will leben, mich kriegt ihr nicht!«

Vierte Meditation

Über die Wohltaten des Kynismus

In der Not kann uns eine Haltung wie die der Kyniker große Erleichterung verschaffen. Zu dieser Einsicht gelangen wir auf den Spuren des vagabundierenden Philosophen Diogenes. Für ihn ist der Tod das definitive Ende. Und dieses irdische Hundeleben mit all seinen verlogenen Konventionen ist auch keinen Deut besser. Es sei denn, man findet in fortwährender Askese zurück zur Natur. Diogenes hat auf der Straße gelebt, und auf der Straße, vor einem Korinther Gymnasion im Juni des Jahres 323 v. Chr., ist er auch gestorben.

»Was soll ich heute bloß anziehen?« Die Stimme meiner Frau, die mich um einen Rat zu ihrer Garderobe für diesen Tag bittet, hallt noch durch das leere Haus. Es ist halb neun. Wenn man arbeiten geht, ist das Äußere wichtig. Die Farbe einer Krawatte, ihre Abstimmung mit diesem oder jenem Hemd, der Schnitt eines Mantels: Alles zählt, alles hat eine Bedeutung, wenn es darum geht, sich im Alltag ein Image zu verpassen, das man selbst akzeptieren und anderen präsentieren kann.

Heute Morgen bin ich zu Gast bei einem, der nie Gäste empfing: Diogenes, genannt der Kyniker. Er lebte auf der Straße wie ein Obdachloser, wie ein streunender Hund, und auf einer Straße in Korinth fand man im Juni 323 v. Chr. auch seinen leblosen Körper. Unter einem Zyniker verstehen wir jemanden, der seine Schamlosigkeit und Unmoral offen zur Schau trägt. Zur Zeit von Diogenes hatte der Begriff »Kyniker«, von dem unser heutiges »Zyniker« ursprünglich abstammt, eine ganz andere Bedeutung. Er soll von dem Gymnasion hergeleitet sein, in dem

Antisthenes lehrte, dem sogenannten *Kynosarges*, was so viel heißt wie »weißer« bzw. »flinker Hund«. Bei einem Opferfest soll ein Hund ein Stück Fleisch stibitzt und an den zukünftigen Ort dieses Gymnasions gebracht haben, das nach diesem Ereignis seinen Namen erhielt. Der Ausdruck lässt sich jedoch auch mit der Lebensweise und Einstellung der Kyniker erklären, die oft mit der eines Hundes verglichen wurden. Auf die Frage, warum er Kyniker genannt wird, antwortet Diogenes: »Wer mir gibt, den umwedle ich; wer mir nichts gibt, den belle ich an; und die Bösen beiße ich.« Ein anderes Mal, als er mit Nachdruck gefragt wird, was für eine Art Hund er denn sei, erklärt Diogenes: »Wenn ich Hunger habe, ein kleiner Malteser, und wenn ich satt bin, ein großer Molosser.« Bei einem Festmahl schmeißen ihm die Gäste Knochen zu, er hebt das Bein und uriniert in ihre Richtung …

Ich stelle mir vor, wie seine Leiche gefunden wird. Ein Arzt lüpft den schmuddeligen Mantel, der Diogenes verhüllt. Obwohl er die Achtzig überschritten hat, ist sein Körper noch muskulös und gebräunt. Das ist nicht erstaunlich. Für den Kyniker ist die Philosophie eine Lebensweise, nicht bloße Theorie. Die Tugend, die der Weise anstrebt, ist zugleich geistige Größe und körperliche Kraft. Man erlangt sie durch Askese, also durch tägliche strenge Übung (askésis). Diogenes hat unzählige Male seine Ausdauer bewiesen, wenn er etwa mit bloßen Füßen durch den Schnee wanderte oder sich im Sommer stundenlang der brütenden Sonne aussetzte. Sein Lehrer Antisthenes pries Armut, Askese und Einsamkeit. Fragt man

Diogenes, welchen Nutzen er aus der Philosophie zieht, so antwortet er: »Die Fähigkeit, es mit mir selbst auszuhalten.« Er ist derjenige, der das Bild des Bettelphilosophen prägte – Bart und lange Haare, einfacher Wollmantel, Stock in der Hand und Ranzen auf dem Rücken –, der unter freiem Himmel schläft und sich bei den Wohlhabenden einlädt.

In unserer Konsumgesellschaft der Individualisten und Schwätzer erfahren Bettler gleich eine doppelte Ablehnung: Sie sind aus dem sozialen Gefüge ausgeschlossen und jeder Ausdrucksmöglichkeit beraubt. Ganz anders war es im Athen des vierten vorchristlichen Jahrhunderts. Der Bettler ist ein Bote des Gottes Zeus. Er ist frei, die Menschen zu beobachten und für ihre Laster zu rügen. Die Bürger dulden ihn, verkehren mit ihm, nehmen ihn an. Nach seiner Ankunft in Athen hatte Diogenes keine Unterkunft und richtete sich in einem Fass ein – vermutlich war es eher eine große Amphore, denn das Fass ist eine Erfindung der Gallier. Die Bürger kommen zu ihm, um zu diskutieren, um ihm Fragen zu stellen, und überbieten einander in ihrem Spott und ihrer Provokation. Sie akzeptieren den Sonderling, sein exzentrisches Benehmen und seine Obszönitäten. Sie tolerieren sogar, dass er in aller Öffentlichkeit onaniert. Immerhin kommentiert er sein Gebaren mit erbaulichen Maximen wie: »Wenn man doch nur seinen Hunger so einfach stillen könnte, indem man seinen Bauch reibt!« Jedenfalls begegnen ihm die Athener mit größter Nachsicht, wenn nicht gar Großmut. Eines Tages macht sich ein Bösewicht einen Spaß daraus, Diogenes' Tonne zu zertrümmern. Er bezieht eine Tracht

Prügel, und die Tonne wird umgehend ersetzt. Heutzutage würde man Diogenes einfach ins Gefängnis sperren oder gleich in die psychiatrische Klinik einweisen. Keine zwei Stunden lang würde er die Straßen unserer Städte behelligen. Eine traurige Entwicklung.

Im kleinen Zirkel der Athener Philosophen gilt Diogenes als ausgesprochener Spielverderber. Sein Verhältnis zu dem vornehmen Aristokraten Platon ist miserabel. Schon inhaltlich gibt es große Unstimmigkeiten zwischen den beiden. Während Platon Vorträge über die Welt der Ideen hält und über die Tischheit oder die Becherheit sinniert, ruft Diogenes ihm zu:

»Was mich anlangt, Platon, so sehe ich wohl einen Tisch und einen Becher, aber eine Tischheit und eine Becherheit nun und nimmermehr!«

»Sehr begreiflich«, gibt Platon in etwa zurück, »denn Augen, mit denen man Becher und Tisch sieht, hast du allerdings; aber Verstand, mit dem man Tischheit und Becherheit erschaut, hast du nicht!«

Zu jener Zeit sind Platons intellektuelle Glanzleistungen in aller Munde. Die ganze Stadt steht im Bann seiner Definitionen, wie etwa: Der Mensch ist ein federloses zweifüßiges Tier … Ein Satz, der aus dem Zusammenhang gerissen wenig Sinn ergibt. Diogenes wiederum rupft einen Hahn und bringt ihn in die Akademie mit der ironischen Bemerkung: »Das ist Platons Mensch!«

Zu den philosophischen Differenzen gesellt sich noch der Klassenunterschied. Als Platon einmal hochrangige Politiker zu Gast hat, taucht Diogenes bei ihm auf, stampft auf seinen Teppichen umher und spottet: »Ich trample auf Platons Überheblichkeit herum.« Welcher darauf erwidert: »Ja, und zwar mit ebenso großer Überheblichkeit.« Als Diogenes ihn ein anderes Mal um etwas Wein bittet, beeilt dieser sich, ihm einen ganzen Krug zukommen zu lassen. Später sagt ihm Diogenes: »Wenn man dich fragt, wie viel zwei und zwei sind, sagst du dann auch zwanzig? Du gibst nicht, worum man dich gebeten hat, und du antwortest nicht auf die Frage, die man dir gestellt hat!« Hier und da wurde die Vermutung laut, die Zwietracht zwischen dem Denkerfürsten und dem Bettelphilosophen sei emotionaler Natur: Sie waren die beiden bekanntesten Schüler des Sokrates. Schon in der Welt der alten Griechen regierte die Eifersucht.

Diogenes' Beziehung zu den Mächtigen war von demselben Holz. Nach der Schlacht von Chaironeia, in der die griechischen Verbündeten haushoch unterlagen, wird er dem siegreichen Philipp von Makedonien als Gefangener vorgeführt. Der hat von seinem Ruf gehört und fordert ihn auf, sich vorzustellen. Seelenruhig antwortet Diogenes: »Ich bin der Erkunder deiner Unersättlichkeit.« Philipp ist hingerissen von so viel Kühnheit und lässt Diogenes frei.

Auch Alexander den Großen, Philipps Sohn, nimmt Diogenes auf die Schippe. Auf einem Hügel von Korinth trifft der junge Kriegsherr den Kyniker bei einem seiner masochistischen Sonnenbäder. Man kann sich die Szene lebhaft vorstellen: Alexander sitzt auf einem weißen Streitross, umringt von einer Eskorte bewaffneter Reiter. Er ruft dem Asketen, der auf dem

Boden liegt und sich bräunt, zu: »Ich bin Alexander. Fordere, was du wünschest!« Darauf dieser ungerührt: »Geh mir aus der Sonne!« Ein anderes Mal droht ihm Alexander:

»Hast du keine Angst vor mir?«

»Bist du gut oder böse?«

»Gut.«

»Wer sollte denn das Gute schon fürchten?«

Alexander verfügt über einigen Sportsgeist und verbeugt sich vor dem Mut und der Offenherzigkeit des Weisen, im Kreis seiner Vertrauten gesteht er sogar, wenn er nicht er selber wäre, wäre er am liebsten Diogenes.

Der Kyniker hat zwei Dutzend philosophische Schriften verfasst, die uns nicht erhalten sind. Das ist nicht weiter schlimm, zumal auch Diogenes das als zweitrangig eingestuft haben dürfte. Darin ähnelt Diogenes den Zen-Geistlichen: Er predigt durch sein Vorbild – deutliche Taten und spärliche Worte. Die Schriften zählen nichts, sie sind dazu bestimmt zu verschwinden. Der kynische Weise ächtet die Habsucht, aber auch die verkommenen Sitten, die Feigheit, die engstirnige Rücksicht auf Konventionen, letztlich alles, was den Menschen von seiner wahren Natur und seiner ursprünglichen Intelligenz entfernt. Diese kritische Suche nach dem sozusagen von jeder Zivilisation geläuterten – wir würden sagen: noch nicht entfremdeten – Menschen veranschaulicht eine berühmte Anekdote, nach der Diogenes am helllichten Tag mit einer leuchtenden Laterne durch die Stadt geht und dabei ausruft: »Ich suche einen Menschen.« Die kynische Philosophie versteht sich als Kriegsmaschine gegen die Konventionen. Feldherren, Redner, Ärzte, Herrschende, Seher und andere Mächtige – alle werden früher oder später Zielscheibe seiner bissigen Ironie, die den Hang zu Opulenz, Stolz und Dummheit der Wohlhabenden offen anprangert. Ein reicher Athener führt Diogenes durch seine prächtige Wohnstatt und bittet ihn, nicht darin auszuspucken. Worauf dieser sich räuspert und seinem Gastgeber mitten ins Gesicht spuckt, angeblich weil er nirgends einen geeigneteren Ort fand …

Doch auch wer sich und andere gut amüsiert, muss mal eines Tages sterben. Selbstverständlich ist der Tod für den Kyniker keine beängstigende Perspektive: »Wie könnte er etwas Schlechtes sein, wo wir ihn doch gar nicht bemerken, wenn er da ist?« Der Kynismus ignoriert jede Frage nach dem Tod. Der Sinn der menschlichen Existenz besteht im strengen Befolgen der Askese, welche die Herrschaft über Körper und Geist auf ihre logische Spitze treibt. Das Streben nach Tugendhaftigkeit als solcher ist das Ziel, es unterbindet die nebulöse Grübelei über das Jenseits und bannt die Gefahr eines durch gesellschaftliche Gepflogenheiten seiner Natur beraubten Lebens.

Woran ist Diogenes gestorben? Drei Varianten sind uns überliefert. Die einen berichten, nach dem Verzehr von rohem Tintenfisch habe die Cholera ihn dahingerafft. Andere behaupten, er habe sich den Tintenfisch mit ein paar Hunden geteilt, sei dabei an einer Fußsehne gebissen worden und daran gestorben. Und wieder andere verkünden, Diogenes habe einfach so lange die Luft angehalten, bis er erstickt sei. In der Tat sind die Kyniker Anhänger des Freitods, sei es nun durch Erhängen, Nahrungsverweigerung oder den Opfertod in den Flammen. Ein Sterben im geschlossenen Kreis. Das Ende als letzter Akt der Selbstbestimmung, der Tod als eine weitere Übung in Selbstbezwingung und Entbehrung, die bloß ein kleines Stückchen weiter getrieben wird als die übrigen … Endlich ist der lang ersehnte Gipfel der Selbstgenügsamkeit und der totalen Autarkie erreicht. Aber kann man wirklich sterben, indem man den Atem anhält? Ist das physiologisch überhaupt möglich? Diogenes verzichtet auf das, was berühmt-berüchtigte Gruppierungen unserer Zeit eine »Gebrauchsanweisung« nennen würden. Angenommen, ein solcher Tod wäre realisierbar, dann stünde er ganz im Einklang mit den Grundsätzen der Kyniker. Die Selbsttötung, um den eigenen Tod nicht aus der Hand zu geben, oder als Versuch, durch das Luftanhalten den Körper im Atem der Welt aufgehen zu lassen. Wer weiß … Ob Tintenfisch, Hund oder Selbsterstickung – was auch immer die Todesursache war, Diogenes starb ganz allein und auf der Straße. Der Kyniker zieht seine Haltung und seine Weisheit aus der Konfrontation mit seiner Umwelt, aus Spott und Kritik. Er stirbt an sich selbst. Diogenes' Tod ist eine Absage an das »schöne Wagnis« des Sokrates. Für ihn geht es wieder darum, dem absoluten Nicht-Sinn die Stirn zu bieten. Auch ein Tod in Eigenregie – wenn es denn einer war – könnte daran nichts ändern, wäre die Ursache doch wieder eine rein äußerliche. Nur dem Anschein nach wäre es ein Beherrschen des Todes.

Ich verlasse Diogenes in den Straßen von Korinth und versuche wieder zu mir zu kommen. Ich habe den Zweireiher übergangslos durch den Pyjama ersetzt. Es ist nicht so, dass ich Ersteren besonders vermissen würde – auch er hat seine Zwänge –, ich möchte damit nur sagen, dass einem sein Äußeres nach ein paar Monaten gleichgültig wird. Wer keine Rolle mehr spielt, braucht auch keine Uniform mehr. Die Kleidung macht vielleicht noch nicht den Menschen, aber wie soll man einen Mönch erkennen, wenn er seine Kutte nicht trägt? Und hatte nicht auch Diogenes eine ganz bestimmte Montur: Mantel, Ranzen, Stock?

Jedenfalls ist jeder neue Tag für den Arbeitslosen ein Kampf gegen das Sichgehenlassen. Es kostet eine gewisse Überwindung, sich anzuziehen, und mit der Zeit muss man sich auch überwinden, sich zu waschen, zu rasieren, aufzustehen. Noch mehr muss man kämpfen, um so zu tun als ob – als ob all diese Gesten, Gewohnheiten, Momente noch eine Bedeutung hätten. Meine willensstarke Ader hat diese Laschheit nie akzeptiert. Also bin ich lange Zeit morgens früh aufgestanden, nur um mich dem Rhythmus in meinem Haus anzupassen, um das Tempo zu halten. Ich war sogar als Erster auf den Beinen und wartete auf die anderen.

Jetzt, wo ich keine Arbeit mehr habe, wird mir nach und nach klar, was ich damit alles verloren habe: die nötigen Voraussetzungen für das Ausfüllen einer Identität. Räumliche und zeitliche Orientierungspunkte, Rituale, ein finanzielles Auskommen, einen Status, Projekte, Werte: All diese Attribute verleihen mir ein Profil, ein Gewicht, Lebendigkeit, Ideen und Wünsche. In einem Unternehmen werden nicht nur Produkte oder Dienstleistungen an den Mann gebracht, sondern auch Anerkennung. Man grüßt sich, plaudert, zankt, rückt zusammen, geht auf Distanz, liebt und hasst. Gar nicht zu reden von den praktischen Vorteilen, die einem das berufliche Umfeld Tag für Tag bietet. Du suchst einen Mechaniker, der schwarz arbeitet? Einen Maurer, der gerade Zeit hat? Eine beiläufige Nachfrage auf dem Flur genügt. Rezepte, Rabatte, Lektüretips, guter Wein, Zuspruch, Lächeln und sogar schlechte Laune: Am Arbeitsplatz wird nahezu alles ausgetauscht. Du gibst zehn, und du bekommst hundert zurück.

Die innerbetriebliche Kommunikation ist wie in allen anderen Gemeinschaften unverzichtbar geworden. Jahrelang pflegte ich permanenten Kontakt zu unzähligen internen und externen Partnern, saß an der Stelle, wo die Informationen zusammenliefen, verknüpfte unterschiedliche Standpunkte und verschiedene Positionen, wie der Gott Hermes, der an den Kreuzwegen der menschlichen Begegnungen und Geschäfte lebt. Ich fühlte mich nützlich auf meinem Posten.

Wenn man auf sich selbst zurückgeworfen ist, sieht das Leben plötzlich ganz anders aus. Um halb neun beginnt die erste Runde der Leiden, die heikelste von allen. Als Erwerbsloser fühle ich mich regelrecht abgeschaltet. Ich habe das Gefühl, nichts und niemandem mehr nützlich zu sein. Wenn ich die Selbstgespräche nicht mitzähle, fehlt mir jede Art von Kommunikation – und sei sie noch so schlecht … Ich erinnere mich an die Initiative eines amerikanischen Flugzeugbauers, der die Gefahr eines Traumas bei seinen Führungskräften mildern wollte, wenn diese ausgebrannt waren und in den Ruhestand traten. Um zu vermeiden, dass sie einen Zusammenbruch erlitten, wenn sie ihrem Privatleben ausgeliefert waren, organisierte er Schnupperkurse für allerlei Freizeitaktivitäten. Die Männer lernten Tennis, Zeichnen, Wandern und was weiß ich, Kindererziehung oder die Kunst, einen Haushalt zu führen … Ich hatte ein solches Training nicht erhalten. Ich musste das Alleinsein erst wieder lernen.

Ich musste mich auch wieder daran gewöhnen, zu Hause zu leben. Einen Ort zu bewohnen, den ich immer nur in den Lücken meiner Arbeitszeit aufgesucht hatte. Arbeitslos zu sein heißt aber, einen Raum auszufüllen, an dem man nicht sein sollte. Es war merkwürdig, unser Zuhause wiederzuentdecken, ich erlebte es wie durch einen Schleier, mit einem Gefühl der Fremdheit. Ich verlor mich in einem Universum, von dem ich glaubte, es sei mir vertraut. Wenn der Rest der Familie aus dem Haus war, ging ich den einzelnen Geruchsspuren nach. Hier das frische Guerlain meiner Frau, dort die penetranten Adidas-Deos meiner Söhne, und noch weiter der süßliche Vanilleduft meiner kleinen Tochter, dazwischen Zonen des Übergangs. Ich nahm die Witterung der Abwesenden auf.

Doch viel schlimmer war das Ausmaß meiner eigenen Abwesenheit. Ich betrat das Badezimmer und stellte mich vor den Spiegel. Wer schaute mir entgegen? Der, den ich anschaute? Gezwungen zu einem

Zwiegespräch, das seit Ewigkeiten nicht mehr stattgefunden hatte, geriet ich in einen Zustand extremer Verwirrung. Seit Jahren beruhte mein Image auf meiner Funktion, wir waren eins. Wenn ich es überhaupt wahrnahm, dann auf ganz unbeschwerte Art, etwa wie das flüchtige Spiegelbild in den Glasfenstern eines Flughafens. Meine Aktivität hielt mich in vernünftiger Distanz zu ihm, es blieb verschwommen wie hinter einem Weichzeichner. Doch nun sah ich mein Bild in hoher Auflösung und im grellen Licht der Scheinwerfer, und es war mir zuwider wie das eines undurchsichtigen und bedrohlichen Fremden, als wäre mein Abbild die Realität und ich nur der Widerschein. Es nahm die Dichte und die Beharrlichkeit des wahren Seins an, während mein Wesen immer weiter ins Irreale und Ungreifbare abdriftete. Schlimmer, es zeigte mit dem Finger auf mich, klagte mich an, diesen unüberwindbaren Graben zwischen ihm und mir ausgehoben zu haben. So sah inzwischen meine Lage, mein Elend, meine Buße aus. Eine Frage von Identität, ein Problem des Bildes: der Gipfel für einen PR-Chef, der einst darauf spezialisiert war, die Identität und das Bild von Personen, Unternehmen und ganzen Landstrichen zu definieren, zu stärken und zu verbreiten … Ich hockte in der Falle meiner eigenen Kapazität, war nicht in der Lage, mich zu »positionieren«.

Orientierungslosigkeit, Nacktheit, Einsamkeit – diese Zustände bündeln sich mitunter zu einer eisigen Kälte, die mich schaudern lässt. Es ist die Kälte des Mangels, die Kälte eines Abhängigen auf Entzug. Ich kenne dieses Gefühl. Vor ein paar Monaten habe ich mit dem Rauchen aufgehört. Wenn die Sucht wiederkommt, beginne ich plötzlich zu frieren. Mit der Arbeit ist es dasselbe: Auch sie war eine Droge. Und ich muss von ihr loskommen.

Meine Diogenes-Lektüre hilft mir, den Entzug durchzuhalten. Wenn ich mein Berufsleben rekapituliere, sehe ich eine Scheinwelt vor mir. Was mir als leitender Angestellter im Alltag als dringend und vorrangig erschien, halte ich mittlerweile für künstlich aufgeblasen. Was ich für Wahrheiten hielt – oder besser: die Wahrheiten, die mich hielten und mir Halt boten –, betrachte ich nun als starre Konventionen, Spielregeln, ein Korsett von Zwängen. Ich war versunken im Treibsand einer Funktion. Langsam befreie ich mich wieder daraus. Aber für welche Art von Autonomie? Für welche Zukunft?

Kritisieren, fragen, widersprechen, demontieren: Das sind die philosophischen Methoden, um die es jetzt geht. Wie Diogenes übe ich mich in Abhärtung. Ich finde meinen Stolz wieder, ich trete in den Widerstand. Diese Wüstendurchquerung ist auch eine Art Kampf. Als ich jung war, habe ich Kampfsportarten gemacht. Ich trainiere wieder das Aufwärmen, die Grundfiguren, die ersten Katas. Keine Zigaretten mehr, stattdessen gehe ich laufen. Mir wird bewusst, wie schlecht ich meinen Körper behandelt habe, wie sehr ich ihn in all den Jahren gequält und vernachlässigt habe. Stress, Schlafmangel, nicht enden wollende Arbeitsessen, verrauchte Zimmer, ständiges Herumsitzen. Der gesellschaftliche Rang gedeiht auf Kosten des Körpers. Sein Verfall ebenso. Ich muss mir einen neuen Körper erfinden, einen anderen. Einen für den

Winter und für draußen, den Körper eines Individuums, einen freien Körper. Das ist nicht einfach, es erfordert Konzentration und Energie. Wenn ich nachgebe und die Gespenster meiner Entfremdung mich wieder verfolgen, lässt mich das monströse und zugleich ermutigende Lachen des Diogenes erzittern.

Fünfte Meditation

Über den Verlust der Freunde

Trost über die Einsamkeit und über den Verlust der Freunde kann man bei Schopenhauer finden, dem Eremiten in Smoking und Jabot, der die letzten siebenundzwanzig Jahre seines Lebens zurückgezogen in Frankfurt lebte. Der zwischen Langeweile und Seelenqualen schwankende Müßiggang dieses Denkers, der den Buddhismus in die abendländische Philosophie einführte, erinnert an den eines Arbeitslosen. Und selbst der Tod verbeugt sich vor dem Schöpfer des metaphysischen Pessimismus, als er ihn am 21. September 1860 sanft in den großen Kreislauf der Wiedergeburt entführt.

Zwei nackte Beine und ein Arm, die im Wasser strampeln. Umherflatternde Federn. Gestern Abend, zum Abendessen bei einem Freund, blättere ich zufällig in einem alten Buch über Brueghel. Ich halte inne bei der Reproduktion eines Gemäldes mit dem Titel *Der Sturz des Ikarus*. Auf den ersten Blick sehe ich Ikarus nicht. Wie vermutlich jeder andere Betrachter habe auch ich ihn zunächst am Himmel gesucht. In Wirklichkeit ertrinkt er rechts unten im Bild. Zu dieser Originalität gesellt sich eine weitere: das allgemeine Desinteresse, das den Untergang des Helden begleitet. Ein Bauer heftet seinen Blick auf die Furchen in seinem Feld. Ein Schäfer starrt in den Himmel. Ein Fischer ist am Ufer beschäftigt. Kurzum, niemand sieht Ikarus stürzen. Bei mir ist es genauso. Mein Weggang aus dem Flugunternehmen endete mit einem persönlichen Crash. Überstürztheit, Abstieg, Sturz, Ungnade, Abwertung. Und ringsum ist es allen gleichgültig, keiner nimmt es richtig ernst: »Ach, du kommst doch schnell wieder auf die Beine …« Platsch! Ich erlebe eine Katastrophe, und die anderen tun, als sei überhaupt nichts passiert.

Niemand will mir den Arbeitslosen so richtig abnehmen …

Ich bin meinem Umfeld böse für dieses Missverständnis, das meine Isolation noch verstärkt. Ich habe meine Freundschaften einer Prüfung unterzogen, bin ein Misanthrop geworden, wie Arthur Schopenhauer, der die letzten siebenundzwanzig Jahre seines Lebens zurückgezogen in Frankfurt lebte. Ein paar Tage lang kam ich zurück auf sein Eremitenleben an den Ufern des Main, in Smoking und Jabot, zwischen Langeweile und Seelenqualen. Eine Existenz wie ein einziger, endlos wiederholter Tag. Ein seltsames Leben und ein seltsamer Tod.

Frankfurt, 21. September 1860. Als der Arzt zu seiner morgendlichen Visite erscheint, findet er Arthur Schopenhauer tot in seiner Wohnung in der Schönen Aussicht Nr. 17 am Mainufer. Der Philosoph sitzt auf dem Sofa. Die Gesichtszüge unverändert. Die alte Hausangestellte hat nichts gehört. Ein plötzlicher Tod, relativ unerwartet. Sicher, für seine zweiundsiebzig Jahre raucht Schopenhauer zu viel, und seit mehreren Wochen plagt ihn eine hartnäckige Lungenentzündung. Anfang September muss er den ewig gleichen Spaziergang über die Felder, den er jeden Tag gemeinsam mit seinem Pudel Atma unternimmt, wegen eines Erstickungsanfalls abbrechen. Doch niemand in seinem begrenzten Umkreis hätte vermutet, dass das Ende so nah war. Zumal der Philosoph nach dem Aufstehen noch sein Frühstück zu sich genommen hatte.

Dieser überraschende Tod bleibt eines der wenigen herausragenden Ereignisse in Schopenhauers Leben, seit er sich in Frankfurt niedergelassen hat. Denn der vorzeitig in den Ruhestand getretene Philosoph absolviert täglich ein festes Programm, ohne es auch nur einen Deut zu ändern, strukturiert wie Notenpapier. Um acht Uhr aufstehen und mit kaltem Wasser waschen, bescheidenes Frühstück, das er sich eigenhändig zubereitet (seine Hausangestellte hat die Weisung, am Vormittag nicht in Erscheinung zu treten), Meditation und Schreiben bis um elf. Empfang von Besuchern und Freunden. Rasur um Punkt zwölf. Flötenspiel bis dreizehn Uhr (ausschließlich Mozart und Rossini). Mittagessen. Dieser erste Teil des Tages schließt mit einem Bummel durch die Straßen Frankfurts, in Smoking und weißer Krawatte. Dann wieder nach Hause, zum Kaffee oder Mittagsschlaf.

Den Nachmittag verbringt er mit einem Spaziergang in der ländlichen Umgebung, bisweilen verschönert von einem Bad im Main. Auf seinen Ausflügen führt Schopenhauer Selbstgespräche, erwidert keinen Gruß und trennt sich nicht einen Moment von seinem Hund. Der Ausklang des Tages nimmt etwas mondänere Formen an. Lektüre der Presse im Casino. Abendessen im »Englischen Hof«. Am Abend Konzert oder Theater. So neurotisch und menschenfeindlich verbringt Schopenhauer jeden einzelnen Tag, Sommer wie Winter, fast drei Jahrzehnte lang. Mit einem klitzekleinen Wandel: dem Umzug von der Schönen Aussicht Nr. 16 in die Nr. 17 – im Übrigen nahezu identische Gebäude – nach einem Zwist mit dem Hauswirt. Wiederholung, Langeweile, Neurose.

Schopenhauers einsamer und friedlicher Tod kann gar nicht genug verwundern, so sehr korrespondiert er mit der Auffassung vom Tod, die der Philosoph in Kapitel 41 der Ergänzungen zu seinem Hauptwerk *Die Welt als Wille und Vorstellung* entwickelte. Platon und später Montaigne waren beide der Ansicht, Philosophieren hieße, sterben zu lernen. Schopenhauer, der in seinen Schriften oft auf die Kunst des Kontrapunkts zurückgreift, sieht es genau umgekehrt: Erst der Tod bringt den Menschen auf den Pfad der Philosophie. Im Unterschied zum Tier weiß der Mensch, dass er sterben wird. Dieselbe Fähigkeit, die ihm eine so entmutigende Erkenntnis ermöglicht, bringt ihn zum Entwurf von »metaphysischen Ansichten, die darüber trösten, und deren das Thier weder bedürftig noch fähig ist«. Zu diesen Ansichten zählt er Religionen und philosophische Systeme, allesamt Erfindungen der menschlichen Vernunft, Heilmittel einer schmerzlichen Gewissheit. Die Vernunft als Gift und Gegengift. Unheil und Wiedergutmachung. Auf jeden Fall ist der Tod eine Voraussetzung für die Philosophie und nicht umgekehrt. Wenn man nicht lernen kann zu sterben, dann nur, weil erst der Tod das Lernen ermöglicht.

Im Werkzeugkasten der trostspendenden Systeme privilegiert Schopenhauer den Buddhismus, den er als einer der Ersten in Europa einführt und der uns besser als jede andere Religion lehrt, dem Tod ruhigen Blickes ins Auge zu sehen. Die Todesfurcht liegt in unserer Natur, in unserem innersten Wesen, das Schopenhauer als Wille zum Leben begreift. Das Lebendige ist spontan, immer und überall, Anhänglichkeit an das Leben, »Durst nach Daseyn«, beharrliche Hingabe an seine Grundverfassung. Für den Menschen ist das Leben das höchste Gut. Dabei ist diese mächtige Anhänglichkeit an das Leben mitunter eine »unvernünftige und blinde«. Als solche lässt sie uns die unbarmherzige Realität verkennen, welche uns die Vernunft wiederum offenbart: die Endlichkeit und die kurze Dauer des Lebens, die unermessliche Weite des Nicht-Seins, das uns vorausgeht, die endlose Zeit, in der wir nicht mehr sein werden, alles Dinge, die zu bedauern im Übrigen absurd wäre. In einem so düsteren Umfeld erscheint der Tod als »Freund Hain«, der bei unheilbarer Krankheit und unerträglichem Leiden umso verlockender ist.

Die Vernunft ergründet und erhellt die positiven Aspekte des Todes. Tod, süßer Tod. Der Tod ist für Schopenhauer stets eine Form der Euthanasie. »Nach und nach erlöschen im Alter die Leidenschaften und Begierden, mit der Empfänglichkeit für ihre Gegenstände … Die Tage rollen immer schneller, die Vorfälle verlieren ihre Bedeutsamkeit, alles verblasst. Der Hochbetagte wankt umher, oder ruht in einem Winkel, nur noch ein Schatten, ein Gespenst seines ehemaligen Wesens.« Das Leben als Traum, ein Motiv von Shakespeare. Die Illusion der Erscheinungen, ein Thema der Skeptiker. Der Tod als allmähliches »Verschwinden und Verschweben aus dem Daseyn, auf unmerkliche Weise«. Ohne Schrecken oder Leid. Alles geschieht, als hätte Schopenhauer, der im Übrigen spiritistisch bewandert war, eine Vorahnung seines eigenen Ablebens gehabt. »Eines Tages ist dann ein Schlummer der letzte …« Fehlt nur noch das Sofa, und der Tod des Philosophen in seiner Wohnung am Mainufer hätte dem Tod in seiner Theorie vollkommen entsprochen.

Wie es schon im Titel seines Hauptwerks anklingt, definiert Schopenhauer die Welt als bloße Vorstellung. Er nimmt im Wesentlichen die Kant'sche Theorie auf, nach der wir nicht die Dinge an sich, sondern nur die Phänomene, das heißt die Erscheinungen der Dinge erkennen können. Die wahre Welt bleibt uns verschlossen, durch unsere Vernunft bekommen wir lediglich eine Vorstellung davon, ein Modell. Doch die Welt ist auch Wille, Lebenswille, eine Art Kraft, die ich unmittelbar durch meinen Körper erfahre, durch mein Empfinden, meine Wahrnehmungen als lebendiges Wesen.

Für Schopenhauer ist der Tod nicht absolute Vernichtung. Das Individuum stirbt, nicht aber die Gattung. Der Wille zum Leben, die Lebenskraft, das Sein an sich sind für den Tod unerreichbar. Ein einziger, allumfassender Lebenskörper besteht in der Welt fort. Daher sind wir dem Wesen nach in Wirklichkeit unzerstörbar. Schopenhauer verneint sowohl die Auffassung des Todes als absoluter Vernichtung als auch die Hoffnung auf Unsterblichkeit des Einzelnen. Spinoza wollte die Welt durch die Linse der Ewigkeit betrachten, der Frankfurter Eremit sieht sie unter dem Gesichtspunkt der Unzerstörbarkeit. »Denn es ist unumstößlich gewiss, dass das Nichtseyn nach dem Tode nicht verschieden sein kann von dem vor der Geburt, folglich auch nicht beklagenswerther.« Der Tod als bloße Ent-Geburt. Jedenfalls erklärt diese Auffassung Schopenhauers seltsames Verhalten der

Gattung der Hunde gegenüber. Er besaß in der Tat zwei Hunde. Der erste, ein weißer Pudel namens Atma (»Weltseele«), starb 1849. Der Philosoph ersetzt ihn kurzerhand durch einen zweiten, wenngleich braunen Pudel. Was seine Theorie nur unterstreicht: Der Tod ist nicht das Ende. Der verstorbene Hund ist immer noch ein Hund, der individuelle Tod betrifft in keiner Weise die Idee, die Wahrheit des Hundes. Der zu unseren Füßen liegende Hund ist nur ein Abbild, ein Schatten. Diese Feststellung hindert Schopenhauer andererseits keineswegs daran, seinen »besten Freund« zu seinem Erben zu erklären …

Als der Ruhm sich einstellt, ist Schopenhauer fünfundsechzig Jahre alt. Dreißig Jahre sind vergangen, seit er sein Hauptwerk verfasst hat, fast in einem Guss und das in einem Alter, in dem die meisten Philosophen noch ihr Handwerk lernen. Nun also wird es begeistert aufgenommen für seine originelle Philosophie, die mit dem tonangebenden, an den Universitäten gelehrten Idealismus bricht. Doch schon vor langer Zeit versuchte Schopenhauer, Hegel, den großen Anführer der deutschen Philosophie, von seinem Sockel zu stoßen. Seine Angriffslust gipfelte darin, dass er den Meister der Dialektik in Berlin öffentlich anfeindete und der Lächerlichkeit preisgeben wollte … Auf nahezu allen Gebieten vertreten die beiden Denker unterschiedliche Ansichten, das Nachdenken über den Tod ist da keine Ausnahme. Hegels Philosophie nimmt den Tod bereitwillig auf. Kurz gesagt, integriert sie die Negativität des Todes in den Prozess des Lebens und der Geschichte. Der Tod ist kein passives Nichts, keine bloße Vernichtungskraft, sondern vielmehr eine Phase der dialektischen Entwicklung, die alle Dinge beherrscht. Trotz seiner Negativität birgt der Tod eine aktive, schöpferische, fruchtbare Kraft in sich. Der Tod ist im Innern des Bewusstseins, des Lebens und der Geschichte. Er ist fester Bestandteil des wahren Wesens des Menschen. Er wirkt im Menschen, der zum bloßen Instrument, zum Medium wird. Ein Beispiel: Für Hegel existiert keine Freiheit ohne Kampf, und kein Kampf ohne Tote. Nichts von alldem bei Schopenhauer, für den der Wille zum Leben reine, grenzenlose Positivität ist. Anders als Hegel sieht er im Tod keine besondere Kraft, sondern lediglich eine Schwelle zwischen zwei Phasen unseres Daseins. Unser Leben ist im Grunde nur ein Zwischenspiel, eine fadenscheinige Episode, eingewebt in den Stoff, aus dem die Träume sind. Bis der Tod uns weckt: »… ich glaube, dass, wenn der Tod unsere Augen schließt, wir in einem Licht stehn, von welchem unser Sonnenlicht nur der Schatten ist.« Wahrheit und Erleuchtung des Todes. Danach beginnt der Zyklus der Geburten. Und Schopenhauer nimmt den Gedanken der Metempsychose wieder auf, die er »Palingenese« (»Wieder-Geburt«) nennt. Wir kommen wieder auf die Welt, doch als andere als die, die wir zuvor waren. Das nennt er die »große Wahrheit« der hinduistischen und buddhistischen Weisheit, die aus den Tiefen der Zeit zu uns stößt. So läuft und läuft das große Lebensrad.

Heute Morgen leere ich den bitteren Becher der Misanthropie bis zur Neige. Denn nach Monaten der unfreiwilligen Isolation fange auch ich langsam an, meinesgleichen zu hassen. Meine Exkollegen waren die Ersten, die den Groll meiner Arbeitslosenagonie zu spüren bekamen.

Da entwickelt man sich in einem Unternehmen weiter und meint – vor allem in der PR-Abteilung – innerhalb einer Gruppe von Menschen zu leben, zu denen man enge Beziehungen unterhält. Eine Illusion! Nach wenigen Wochen denkt kein Schwein mehr an dich. In der ersten Zeit rufst du noch hin und wieder an. Du findest alle an ihrem gewohnten Posten, mit dem gewohnten Stress, den gewohnten Sorgen. Doch im Laufe des Gesprächs macht sich ein gewisses Schweigen breit, weil man sich kaum noch etwas zu sagen hat. Deine Anrufe werden seltener und bleiben schließlich ganz aus, erwidert werden sie ohnehin nicht. Die Schweizer, die das Unternehmen übernommen haben und mit den Folgen des Neoliberalismus offensichtlich bestens vertraut sind, beschreiben diese Existenzform mit der griffigen Formel: »Entweder du bist *in* oder du bist *out*.« Ich bin *out*.

Du bist stolz auf ein feinmaschiges Netzwerk von Kollegen, beruflichen Kontakten und anderen Beziehungen. In mühsamer Kleinarbeit zusammengestrickt aus Gefälligkeit, Professionalität, Wahlverwandtschaft und Opportunismus. Und du meinst, all dies könntest du nun durch bloße Kontaktaufnahme reaktivieren? Ein Wunschbild. Doch es dauert Monate, bis du das durchschaust und akzeptierst. Dieses menschliche Netz ist in Wirklichkeit ein ödes Labyrinth, in dem unzählige kleine Minotauren lauern.

Bleiben noch die richtigen Freunde aus der Kindheit und Jugend. Die alten Gefährten, die man am Wochenende sieht, in der unbeschwerten Freizeit, an feuchtfröhlichen Abenden – ein Blick genügt, und wir verstehen uns. Wenigstens die werden dir mit Feingefühl begegnen, dir zuhören und Mut machen. Denkste. Das sind sogar diejenigen, die am wenigsten Verständnis aufbringen und dich am meisten verletzen. Und zwar in einem Ausmaß, dass es durchaus angebracht scheint, sich zu fragen, ob nicht unsere Feinde, sondern vielmehr unsere engen Freunde die Macht haben, uns in die Einsamkeit zu verbannen.

Nach wenigen Monaten der Arbeitslosigkeit war mein ganzer Bekanntenkreis wie vom Erdboden verschluckt, von der Landkarte gestrichen, ausgerottet. All die Leute, die ich einst gekannt, besucht, geliebt und unterstützt hatte, waren für mich gestorben, so wie ich für sie.

Aus dem erlauchten Kreis der Entscheidungsträger verbannt, habe ich mich notgedrungen anderen Gruppen zugewandt. Als ich gar nichts mehr mit mir anzufangen wusste, begann ich den Einkauf für die Familie zu erledigen. Man kann mich also oft zu unpassender Stunde im Einkaufszentrum unseres Viertels sehen, inmitten eines mehrheitlich aus Frauen und Rentnern bestehenden Milieus. Die Kassiererin: »Immer noch Urlaub?« Ich lächle, doch am liebsten würde ich auf der Stelle lossprinten ans andere Ende der Welt.

Statt in den Jet steige ich nun in den Linienbus. Und es war auch im Bus, wo ich eines Tages gegen sechzehn Uhr dreißig den Sinn von Schopenhauers

Überlegungen verstand und mich in einem ganz neuen Licht sah. An der Werkstatt für Behinderte stiegen zwei Dutzend Fahrgäste zu, die sich auf den Weg nach Hause machten. In ihrer Mitte überfiel mich zunächst ein beklemmendes Gefühl. Das war also nun mein Transportmittel, und dies waren meine Reisegefährten … Doch nach ein paar Haltestellen öffnete sich mein Blick. Drei von ihnen warfen einander unverständliche Knurrlaute zu. Ein Mädchen und ein Junge gaben sich unentwegt Zungenküsse und seufzten einander tief an, ein rührendes Paar. Ganz in meiner Nähe zückte ein junger Mongoloide sein Handy, um zu telefonieren. Ich war erstaunt, wie geschickt und wie selbstständig er war. Wer hätte das gedacht … Plötzlich wurde mir klar, dass es in diesem Bus nur einen einzigen Schwachsinnigen gab, und das war ich. Diese jungen Leute stritten miteinander, sie kommunizierten, sie liebten sich. Sie lebten! Mehr noch, sie gaben mir zu verstehen, wie sehr ich in den vergangenen Jahren den Kontakt zum wahren Leben verloren hatte, und wie wichtig es war, dass ich ihn wiederherstellte.

Im grellen Licht einer Krise sieht man die anderen am besten. Nicht unbedingt aus dem günstigsten Winkel, sondern so, wie man sie im Grunde sehen sollte, in natura und eben ohne die Masken, mit denen die Bequemlichkeit und die Konventionen einer Karriere sie ausstaffieren. Dennoch entfernt diese Art Krise einen nicht von den anderen; im Gegenteil, man fühlt sich ihnen näher, das habe ich damals in diesem Bus endlich begriffen.

In meiner Einsamkeit sind mir trotz allem einige

Freunde geblieben, vielleicht ist es nur eine Handvoll, aber die stehen mir sehr nah und haben mich nie im Stich gelassen. In der ersten Reihe Jacques Bruyère. Bevor ich PR-Chef wurde, verdiente ich mein Geld als Journalist. Jacques war der Chef der Nachrichtenredaktion, in der ich damals anfing. Er hatte gerade einen Herzinfarkt überstanden, mit dreiunddreißig Jahren. Bei ihm habe ich die Grundlagen meines Berufes erlernt und mir die wichtigsten Regeln angeeignet, um in diesem Metier zu überleben. Er ist durch und durch Protestant: ein bisschen trocken, aber aufrichtig und treu. Bei der Zeitung verstanden wir uns blind, und obwohl uns unsere beruflichen Werdegänge immer wieder auseinanderführten, währte die Freundschaft doch stets fort. Als die Katastrophe über mich hereinbrach, flüchtete ich mich zu ihm.

Meist treffen wir auf der Place de la Comédie mitten in Montpellier, in einem Restaurant mit dem hybriden und verwirrenden Namen »Bermuda Clafoutis«. Dort kann man eine Kleinigkeit essen in Gesellschaft der Vertreter des Dienstleistungssektors und der Verwaltung, die hier genau wie das Essen zu den lokalen Spezialitäten gehören. Kein besonderes Restaurant also, für unsere Zwecke aber ausreichend. Zigarettenqualm, das Klappern von Besteck und Stimmengewirr. Dort haben wir unseren Pakt geschlossen.

Eines Tages erzählte ich Jacques von meinen philosophischen Meditationen und Aufzeichnungen. Er hörte mir aufmerksam zu, schien neugierig. Es war eine Ewigkeit her, dass ich mit irgendetwas die Aufmerksamkeit eines anderen geweckt hatte. »Das würde ich wirklich gern lesen. Zeig mir das doch mal.«

Er erzählte mir von seinen Schlafschwierigkeiten. Und so fing alles an. Ich schreibe meine Meditationen auf, er seine »Einschlafgeschichten« über seine letzten Gedanken vor dem Wegdämmern, dann tauschen wir unsere Werke aus. Unsere Bemerkungen liefern wir uns telefonisch oder via E-Mail.

Ein struppiger silbriger Bart umrahmt sein rundes Gesicht, der Blick von einem stählernen Blau – ein wildes Äußeres, aber eine unglaublich warme Stimme. Am anderen Ende des Tisches richtet sich Jacques für mich auf wie ein vom Tode Zurückgekehrter. Nicht weil er, neben anderen Schicksalsschlägen, zwei Herzattacken überlebt hat, sondern weil er für mich ein Wiedergeborener ist, der mal ein anderer war. Seine Anwesenheit macht mir Mut, schließlich fanden seine Worte einen Weg in meine tauben Ohren.

»Das ist wie bei Spinoza …«

Jacques schüttelt den Kopf, und seine Augen glänzen noch ein bisschen mehr als sonst. Bermuda Clafoutis. Und die Menschheit öffnet wieder ihre Arme.

Sechste Meditation

Über die Zeit

Bischof Augustinus von Hippo verstirbt im August des Jahres 430, während die Horden des Vandalenkönigs Geiserich seine Stadt belagern. Sein Tod nach zehn Tagen Fieber, Tränen und Wundern ist Anregung genug, sich seine originellen Gedanken über die Zeit vorzunehmen. Denn die kuriose Zeit der Arbeitslosigkeit – eine ausgedehnte, unausgefüllte, schwierige Zeit – verdient eine eigene Meditation. Möge diese Übung die schmerzhaften Folgen der Nostalgie, der Ungeduld und des Widerwillens mildern.

Arbeitslosigkeit bedeutet eine Verrückung der Zeit. Lange bin ich der Zeit hinterhergerannt, wie jeder Berufstätige, der etwas auf sich hält. Ließ mich brutal aus dem Schlaf reißen, um mitten in der Nacht im Dämmerzustand zum Flughafen zu rasen. Besuchte Konferenzen, wenn andere es sich vor den Abendnachrichten gemütlich machten. Verschobene Urlaubstermine und verkürzte Krankenzeiten, Elternabende, an denen ich nicht teilnehmen konnte, und Geburtstagsfeiern, auf denen man mich vergeblich erwartete, abgesagte Arzttermine, verpasste Ausstellungen und Kinofilme … Längst vergessen Augustinus und seine Konzeption der Zeit, die er in den *Bekenntnissen* darlegt. Die Zeit existiert nicht außerhalb unseres Geistes. Die Vergangenheit ist nicht mehr, die Zukunft ist noch nicht, und die Gegenwart ist ungreifbar. Selbst wenn wir sie in ein Millionstel ihrer selbst zerteilen könnten, würde sie uns entrinnen. Es gibt kein Zeitatom. Sie verstreicht in uns, ohne dass wir irgendeinen Zugriff auf sie hätten. Dabei verdankt sie ihre Existenz allein unserem Bewusstsein von ihr. Sie ist ein geistiger Zustand: Erinnerung, wenn sie vorbei ist, Warten, wenn sie noch kommt, und eine Ahnung, wenn sie uns durchdringt. Die Zeit als inneres Erlebnis, als »geistiges Ausstrecken«.

Ohne genau zu wissen, wonach ich eigentlich suche, verweile ich bei der Biographie von Bischof Augustinus und seiner Agonie vom 18. bis zum 28. August 430, derweil die Horden des Vandalenkönigs Geiserich seine Stadt Hippo belagern. Seit zehn Tagen wütet das tödliche Fieber. Zehn Tage des Betens und der Buße, um diese Welt im Geruch der Heiligkeit zu verlassen. Zehn Tage zwischen Tränen, Kirchengebeten und Wundern vor der grandiosen historischen Kulisse des Untergangs des Weströmischen Reiches.

Wie viele sind es, die seine Stadt umlagern? Achtzigtausend? Hunderttausend? Nachdem sie schon Gallien, die iberische Halbinsel und Nordafrika verwüstet haben, umzingeln die mit den Mauren verbündeten Vandalen und Alanen nun auch die Stadt Hippo. Vor drei Monaten haben die barbarischen Horden unter der Führung des Geiserich Stellung bezogen und attackieren die Stadt, die sich heldenhaft verteidigt. Augustinus, Bischof von Hippo, hat sich mit starkem Fieber in sein Gemach zurückgezogen. Er hat strikte Anweisungen erteilt: Niemand darf eintreten, ausgenommen der Arzt zur täglichen Untersuchung und der Diener mit dem Essen.

Wenn Augustinus sich zurückgezogen hat, dann nicht etwa, weil ihm das Schicksal seiner Stadt gleichgültig gewesen wäre. Bevor ihn das Fieber niederstreckte, redete er seinen Mitbürgern ununterbrochen Mut zu und hielt die Truppen auf den Schutzwällen bei Laune. Seit fünfunddreißig Jahren ist der religiöse Würdenträger dem afrikanischen Handelshafen treu verbunden. Hippo ist mit seinen ungefähr vierzigtausend Einwohnern eine schöne und wohlhabende Stadt. Einst war sie Kolonie der Phönizier und Sitz der numidischen Könige. Doch wer würde sie kennen ohne ihren Bischof? Und umgekehrt wurde Augustinus, der Priester wider Willen, erst in Hippo zu dem, was er ist: ein Theologe und Schriftsteller, dessen Genie ins gesamte Reich ausstrahlt. In seinem Zimmer betet und weint Augustinus für seine Stadt. Die Vorstellung, ein Barbar könnte sich an seiner Stadt vergreifen, ist ihm unerträglich. Undenkbar, dass Gott ihre Bewohner einem Mörder von Priestern und Christen ausliefert.

»Ich habe Gott gebeten«, gestand er seiner Umgebung, »er möge uns entweder retten oder Geduld schenken oder mich aus diesem Leben erlösen, damit ich mir das Unheil nicht mit ansehen muss.« Dann kam das Fieber, das Augustinus als göttliches Zeichen betrachtete. Er zog sich zurück, um sich auf seinen Tod vorzubereiten. Offenbar schien ihm die Klausur förderlich für das innere Erlebnis, für ihn die einzige Art, das Wesen der Dinge zu erfassen. »Geh nicht hinaus«, schrieb er in einer seiner unzähligen Abhandlungen. »Zieh dich in dich zurück. Im inneren Menschen wohnt die Wahrheit des Menschen.« Zehn Tage lang betet und weint Augustinus, auch um das Heil seiner Christenseele.

Dabei war diese Seele lange heidnisch. Aurelius Augustinus erblickte das Licht der Welt 354 in Thagaste, achtzig Kilometer von Hippo entfernt, in einer römischen Familie der Mittelschicht. Sein Vater, der ein kleines Landgut bewirtschaftet, ist dem Heidentum treu geblieben. Seine Mutter Monika aber ist dem christlichen Glauben leidenschaftlich ergeben. Später wird die Kirche sie heiligsprechen. Sie erzieht ihren Sohn nach den Grundsätzen ihrer Religion. Mit siebzehn Jahren verlässt Augustinus die Familie, um sich in Karthago, das in jener Zeit als Sündenpfuhl gilt, höheren Studien zu widmen. »Mit dem besten Willen ermahnte sie mich oft«, so Augustinus über seine Mutter, »wie ich mich noch erinnern kann, heimlich mit tiefem Grame, dass ich nicht der Wollust verfiele und vor allem nicht die Ehe eines andern entweihte. Aber weibisch erschienen mir solche Ermahnungen, denen ich ohne Erröten nicht zu gehorchen vermochte … Und mit solcher Blindheit geschlagen eilte ich jählings vorwärts, sodass ich mich vor meinen Altersgenossen schämte, wenn ich minder schändlich gelebt hatte als sie, weil ich sie mit ihren Vergehen prahlen und umso mehr Rühmens davon machen hörte, je schändlicher sie waren: So verführte mich nicht nur die Lust an der Tat, sondern auch die Lust gelobt zu werden.«

Mit siebzehn ist man unbedacht, noch hat sich der Weg der Heiligkeit dem ungestümen Augustinus nicht aufgetan. Und lange Zeit wird es ein steiniger Weg sein: »Gib mir Keuschheit und Enthaltsamkeit, doch nicht sogleich!«, betet er in seinen *Bekenntnissen*. Mit sechsundvierzig Jahren, mittlerweile ist er schon Bischof, gesteht er, immer noch erotischen Phantasien zu erliegen: »Im Schlafe aber steigern sie sich nicht nur bis zum Ergötzen, sondern bis zur höchsten

Beistimmung. Und so viel vermag das Trugbild in meiner Seele und meinem Fleische, dass falsche Bilder den Schlafenden zu etwas verlocken, wozu mich, wenn ich wache, wahre nicht verlocken können.«

Die Aussicht auf Heiligkeit jedenfalls ist in Karthago für Augustinus eher unwahrscheinlich, der ja nicht einmal getauft ist. Um sein hitziges Wesen zu mildern, gesteht man ihm eine Konkubine zu, der er bis ins Jahr 385 treu ist. Sie schenkt ihm bald einen Sohn, Adeodatus, also »Gabe Gottes« genannt, den Augustinus zärtlich »Sohn meiner Sünde« nennt.

Wie fern diese Jugend und diese zügellosen Freuden nun sind. In seinem Gemach in der bischöflichen Residenz sucht man vergeblich Spuren davon. Es ist die Stunde der Barmherzigkeit Gottes, des Strebens nach Heiligkeit. An der Wand gegenüber von seinem Bett hat Augustinus die Bußpsalmen anbringen lassen. Den ganzen Tag rezitiert er. Er weint. Er betet. Einsam und unter Qualen. Die Freudentage von Karthago sind in weiter Ferne.

Also kein Countdown vor dem Tod in diesen zehn Tagen, in denen Augustinus das Bett hütet, sondern vielmehr ein Erlebnis von Heiligkeit. Am Tag zuvor ist es einem Kranken gelungen, die Diener und Priester, die über Augustinus' Einkehr wachen, zu überlisten. Er bettelte den Bischof an, ihn durch Handauflegen zu heilen.

»Was verlangst du da von mir, mein Sohn? Meinst du nicht, wenn ich über solche Kräfte verfügte, würde ich sie zu meinen Gunsten einsetzen?«

»Im Traum hat mir eine Stimme versprochen, du würdest meine Krankheit vertreiben …«

Augustinus spricht ein Gebet, und der Mann soll geheilt von ihm gegangen sein …

Soeben hat der Arzt das Zimmer verlassen. Trotz seiner ausgeprägten Libido erfreut sich Augustinus keiner guten körperlichen Verfassung. Er ist klein und schmächtig, friert schnell und hat es oft an den Lungen. Doch mit sechsundsiebzig Jahren verfügt er immer noch über seine gesamten Körperfunktionen. Das Fieber schwächt ihn, doch er kann sich noch bewegen. Seine Sicht reicht aus, um die Psalme an der Wand zu entziffern. Auf seinem Sterbelager hört er deutlich den Lärm der Kämpfe, der von den Schutzwällen dringt. Und wie nimmt er den bevorstehenden Tod wahr?

Wie die Gegenwart, so ist auch der Tod eine schwer greifbare Erfahrung. Wie soll man ihn bestimmen? »Was soll man von der Zeit sagen, in der die Seelen vom Leibe getrennt sind und sich nun wohl oder übel befinden? Ist es eine Zeit nach dem Tode oder im Tode?« Denn solange ich Sterbender bin, bis in die letzte Mikrosekunde meiner Agonie, bin ich immer noch lebendig. Danach kann ich weder sagen noch empfinden, dass ich des Todes bin, eben weil er da war. Also bin ich zugleich lebendig und sterbend, was vollkommen absurd ist. Von Seneca übernimmt Augustinus den Gedanken, der Tod befinde sich im Innern des Lebendigen. »Denn in demselben Augenblicke, in dem jemand in dies sterbliche Leben eintritt, fängt der Tod an sich vorzubereiten.« Der Tod ist der Horizont unseres Schicksals, sagen die modernen Existenzialisten. Der Mensch ist also ein absoluter existenzieller Widerspruch: ein

Wesen des Lebens und des Todes. Und der Tod diese zugleich logische und biologische Falle, »die man ebenso wenig erklären wie umgehen kann«.

Diesen unwiderlegbaren und entmutigenden Befund überträgt Augustinus nun in den religiösen Kontext. Unsere flüchtige Existenz ist nur der Schatten eines Lebens, eine Art Unter-Existenz, kurzum: eine Art Tod. Für den Stoiker war die Gegenwärtigkeit des Todes eine das Leben erleichternde Vorstellung. Die Todesfurcht war die größte Angst überhaupt. Wenn das Leben nun schon in jeder Sekunde ein wenig Tod ist, verliert dieser seinen Schrecken. Zumal der Tod dem Weisen die Gelegenheit gibt, sich mit der Weltseele zu vereinigen. Augustinus zieht aus denselben Prämissen andere Konsequenzen. Nur durch die gemeinsame Auferstehung von Seele und Körper können wir den Status des wahrhaft Lebendigen erlangen. Da unser erstes, irdisches Leben nicht das eigentliche Leben ist, kann umgekehrt auch unser Tod nicht der wahre oder wenigstens nicht der einzige Tod sein. In Wirklichkeit gibt es zwei verschiedene Tode. Der erste Tod trennt die Seele vom Körper, und für einige, nämlich diejenigen, die in der Sünde gelebt haben, bedeutet er zugleich die Trennung der Seele von Gott. Die unsterbliche Seele, ob die eines guten oder schlechten Menschen, wartet auf ihre Beurteilung und ihre eventuelle Auferstehung. Der zweite Tod tritt vor der Auferstehung ein. Also zwei Tode, und am Ende ein furchtbares Urteil. Zwar gibt es die Aussicht auf das Himmelreich und auf Unsterblichkeit, allerdings um den Preis eines Lebens der Kasteiung und der Angst …

Bei Augustinus drängt der Glaube die Philosophie in den Hintergrund. Die Vernunft wird nicht verneint, doch sie ist lediglich ein Anhängsel des Glaubens, ergänzt ihn und ermöglicht seine Lehre. Die Philosophie, einst Domäne einer souveränen Vernunft, verkommt zur Dienerin der Theologie. Der Weg zur Glückseligkeit führt nicht mehr über Weisheit, Askese oder Tugendhaftigkeit; der Weg zur Glückseligkeit führt einzig über die Religion. Und wozu das irdische Glück überhaupt suchen? »Ihr sucht die Seligkeit auf dem Gefilde des Todes, dort aber ist sie nicht. Wie könnte da seliges Leben sein, wo nicht einmal Leben ist?«, fragt Augustinus. Das oberste Ziel alles menschlichen Denkens und Tuns ist nicht das Gute, sondern die Liebe zu Gott.

28. August. Der letzte Tag. Im Wohnsitz des Bischofs wurden die Türen zum Schlafgemach geöffnet. Die Würdenträger, Priester und Diener umringen das Sterbelager von Augustinus. Mit tränenerstickter Stimme murmelt der Bischof seine Gebete. Die anderen Anwesenden beten und weinen mit ihm. Der Sterbende verkündet, dass es nun wohl an der Zeit sei, als guter Christ ein letztes Mal zu beichten und die Kommunion zu empfangen. Ein Testament wird es nicht geben. Der arme Diener Gottes hat nichts zu vermachen. Es gibt weder schmetternde Abschiedsworte noch eine letzte Botschaft. Nur Gebete und Tränen, sonst nichts.

Ich habe Augustinus zu lange verfolgt und bin abgeschweift … Besinnen wir uns auf seine Auffassung von Zeit. Ich weiß nicht mehr, welche Zeit heute für mich zählt. Die Zeit in einem Unternehmen ist eine bemessene, abgezählte, zweckorientierte, einem Geldwert entsprechende Zeit. Aristoteles plus Benjamin Franklin. Eine abstrakte, verplante Zeit, in Terminpläne und *Organizer* gezwängt … Immer vergeben, flüchtig, ungreifbar. Unmöglich, sie anzuhalten oder zurückzuschrauben, eine überdrehte Maschine, die sich nicht stoppen lässt. Sie bleibt uns hoffnungslos fremd, wir haben keinerlei Einfluss auf sie. Genau deshalb wurde sie ja erfunden.

Diese objektive Dimension der Zeit, die immerhin den Vorteil bietet, dass man sie mit anderen teilt, ist nicht die heimtückischste. Bei der Arbeit gilt es auch, die anderen zu ertragen, ihre Anliegen, Dringlichkeiten, Verspätungen, wenn nicht schon ihre simple Anwesenheit unerträglich ist. Wie viel Zeit wir allein damit verplempern, uns zu erreichen, zu einigen und zu treffen! Vor allem in der Abteilung Kommunikation, wo diese Notwendigkeit zu einem regelrechten Selbstzweck mutiert.

Jeder Einzelne im Unternehmen, und ich allen voran, endete schließlich so wie die Flugzeuge und Flüge: *overbooked*, gnadenlos überbucht … Selbstverständlich verschlimmerte sich die Situation, je höher man in der Hierarchie aufstieg. Oben auf dem Gipfel wurde das Ausmaß der Überbuchung geradezu unmenschlich. Was soll's, mit Hilfe des allseits verinnerlichten Masochismus verwandelte man das Handicap kurzerhand in ein Privileg. Für manche wurde sogar die Freizeit, also die Zeit, die sie für sich und die Familie zur Verfügung hatten, zu einer wahren Hölle. Einer meiner Kollegen im Vorstand benutzte, wenn er etwas Besseres vorhatte, den zugleich erhellenden und listigen Ausdruck: »Heute Abend habe ich auswärts eine wichtige Verpflichtung …« Eine paradoxe, aber ausgesprochen elegante Formel, die es einem erlaubt, sich auszuklinken, ohne den Manager-Kodex zu verletzen oder von Gewissensbissen geplagt zu werden.

All diese hektische, verlorene und mühsam erkämpfte Zeit gibt einem die Arbeitslosigkeit im Überfluss zurück. In den ersten Wochen ist es pures Glück. Man gammelt ein bisschen im Bett herum, holt Schlaf oder Lektüre nach, bringt seinen Sohn um fünf zum Fußball, holt mittags die Tochter von der Schule ab, telefoniert ausgiebig mit seinen Freunden oder Verwandten, bereitet das Essen vor, kurz, man gönnt sich all die Dinge, für die man nie Zeit hatte. Doch nach ein paar Monaten sind all diese offenen Rechnungen beglichen: Das Arbeitszimmer ist eingerichtet, der Garten in Topform und das Auto glänzt. Es ist immer noch angenehm, in der Stadt über den Markt zu schlendern oder mitten in der Woche um drei Uhr nachmittags eine Buchhandlung aufzusuchen.

Aber dann wird mit einem Mal alles schwieriger. Ein Gefühl der Fremdheit schleicht sich in den Alltag ein, der Müßiggang wird eine Quelle der Unzufriedenheit. Nachdem der anfängliche Spaß am Basteln und Gärtnern verflogen war, begann ich die Schubladen auszukramen. Ich sortierte Negativabzüge, berechnete meine Rentenansprüche, heftete Kontoauszüge ab, durchforstete alte Musikkassetten … Zwischen zwei aussichtslosen Bewerbungen oder

Vorstellungsgesprächen widmete ich mich derlei Beschäftigungen auf derartig zwanghafte Weise, als wollte ich jenes »geistige Ausstrecken« verhindern, von dem Augustinus spricht, das sinnlose Verzetteln stoppen und endlich die Poren der Zeit verkleistern.

Ich hatte den Eindruck, mein Leben verliefe wie in Zeitlupe, wie in einer sozusagen ausgeleierten Dimension jenseits der Zeit. Bei der Jobvermittlung vorbeizuschauen kostete mich den ganzen Vormittag, obwohl ich meine ganze Energie darauf konzentrierte. Ich verwaltete meine spärlichen Termine. Montag: XY anrufen. Dienstag: an die monatliche Arbeitslosmeldung per Telefon denken. Mittwoch: für die Familie reserviert. Donnerstag: nichts. Freitag: Einkaufen, endlich. Ich besaß einen überflüssigen Kalender, in dem die Termineinträge sich in einem Meer weißer Seiten verloren und meine erlebte Zeit sichtbar machten: eine nackte, bloße, eine zeitlose Zeit, die Kehrseite der Zeit, die, wieder ein Paradox, noch in ihrem Nicht-Existieren mächtig genug war, als unangenehm, schmerzhaft und aufdringlich empfunden zu werden.

Zu dieser zersetzenden Leere gesellten sich bald noch die quälenden Schuldgefühle. Denn die mittelfristige Zukunft färbt auf die Gegenwart ab. Ein beängstigender Countdown begann. Nur noch fünfzehn Monate finanzielle Absicherung, nur noch acht, sechs, drei … Ich sah den Abgrund schon kommen und vergegenwärtigte ihn derart, dass ich ihn bereits vor seiner Zeit durchlebte. Eine Art Wurm war in die Falten der Zeit eingedrungen und nagte an meinen guten Momenten, meinen Wünschen, meinen Plänen. So verlebte ich achtundzwanzig Monate, zwei Phasen von jeweils vierzehn Monaten, nur unterbrochen von einer sechsmonatigen Tätigkeit in einer PR-Agentur, in der ich der einzige, kurzlebige Entwicklungschef war. Achthundert Tage innerer Tortur, achthundert Tage Kampf gegen den sozialen Tod, zu dem mich eine rätselhafte Logik zu verdammen schien.

Die Zeit spaltete sich auf in zwei unvereinbare Ströme. Einerseits die Zeit der Hyperaktivität, stressig, hysterisch, entfremdet, brutal, aber auf eine Weise dennoch konstruktiv. Das war die verlorene und idealisierte Zeit, der ich halb nostalgisch, halb abgestoßen nachhänge. Und andererseits das endlose Andauern der Arbeitslosigkeit, verlangsamt, schuldbeladen, schlaff und korrosiv, die ich ungeduldig und widerwillig ertrage. Ich habe stundenlang gegrübelt und gelitten, bis mit klar wurde, dass diese beiden Ausformungen der Zeit sich keineswegs widersprachen, sondern ganz im Gegenteil zusammenwirkten wie die beiden Backen eines Schraubstocks. Ja, ich brauchte Monate der Niedergeschlagenheit, um zu verstehen, dass mein Überleben gerade davon abhing, diese verhängnisvolle Zange zu lockern.

Wenn ich meine Meditationen niederschreibe, lebe ich in einer anderen Zeit. Ich entscheide mich ganz bewusst für das, was ich tue. Es ist informell, formlos, hat kein anderes Ziel als sich selbst. Es wirft nichts ab, doch es existiert, und ich mit ihm. Ich irre wie ein Gespenst von einem Philosophen zum nächsten, von einem Toten zum anderen. In dieser Parallelwelt erhole ich mich, setze ich mich wieder zusammen. Bin ich ein Aasgeier? Ein Vampir? Ein lebendiger Toter.

In diesen endlosen Nächten und dämmrigen Morgenstunden gleite ich in eine andere Zeit, die nicht mehr die Zeit der Zwänge ist, die aber auch ich selbst nicht mehr bezwingen muss. Ich entdecke eine neue Zeit, in der sich Produktivität und Muße miteinander vermischen, die Zeit der Kreativität. In diese Zeit intensivster Freiheit trete ich ein, unbemerkt wie ein Dieb. Ja, diese Zeit stehle ich allen anderen, ohne Reue oder schlechtes Gewissen, meiner Familie, der Arbeitslosenversicherung, der ganzen Gesellschaft, und schließlich mir selbst. Sie existiert weitab von den bekannten Kalendern und den mit Aktenzeichen versehenen Plänen, sie muss nicht geschleppt werden, sondern trägt sich selbst, manchmal fliegt sie sogar einfach davon, frei von Bitterkeit und Gewissensbissen, leicht wie ein Augenblick des Glücks. Dann fliege ich mit und vergesse die Zeit.

Siebte Meditation

Über die richtigen Heilmittel

Die Lehren des Epikur sind für die philosophische Therapie hervorragend geeignet. Die von ihm gepriesenen Heilmittel, insbesondere die geistige Auflösung, bieten eine wirksame Hilfe gegen übermäßige Ängste und Sehnsüchte. Epikur, der 270 v. Chr. in seiner »Schule des Gartens« an einem grässlichen Nierenleiden stirbt, mit einem Glas Wein in der Hand, verneint den Tod und glaubt an das Glück hier auf Erden.

Wie soll ich überleben? Aufstehen? Weitermachen? Mich erholen? Gibt es ein Heilmittel? Welche Therapie ist die richtige? In der Zeitung habe ich gelesen, dass der Alkoholismus unter Arbeitslosen weit verbreitet ist. Tja, dann fangen wir eben auch noch an zu saufen … »Wir« sage ich nur aus Solidarität mit meinen arbeitslosen Brüdern und Schwestern, denn mich persönlich zieht es nicht zum Alkohol. Für mich ist der Rausch untrennbar mit Feiern und Geselligkeit verbunden. Obwohl ich zugeben muss, dass auch mein Weinkonsum in der ersten Zeit zugenommen hatte, vor allem samstags. Allerdings sah ich darin eher einen Ausgleich des Nikotinmangels als ein Heilmittel. Im Gegensatz zu vielen anderen hat mich der Alkohol also nicht gekriegt. Wenn ich am Wochenende mit Freunden beim Abendessen saß, stellte sich prompt das schlechte Gewissen ein und würgte den beginnenden Rausch schon im Keim ab: Trinken half mir nicht weiter.

Ähnlich verfehlt waren die unvermeidbaren Angebote einiger alter Kameraden, die seit den Siebzigern auf das homöopathische Kiffen schwören. Ich hatte viel zu viel Angst, durch das Einatmen irgendeines Rauches wieder beim Tabak zu landen. Auch Prozac schien mir unangebracht: Das war was für Berufstätige. Schon der Name erinnerte mich an mein altes Milieu, wo es fast zum guten Ton gehörte, die Glückspillen ständig im Munde zu führen.

Psychologische Beratung? Ich bekam doch schon Unterstützung, Beistand und Hilfe von einem ganzen Heer von Institutionen: Arbeitsamt, Jobbörse für Führungskräfte, Arbeitslosenversicherung, Agentur für Wiedereingliederung – alle taten, was in ihrer Macht stand, um mir zur Seite zu stehen! Eine ganze Gesellschaft, ja eine Nation verausgabte sich bedingungslos, um mich in meinem Martyrium zu begleiten! In einer meiner schlaflosen Nächte fuhr ich einfach mit dem Auto los. Einen Moment lang war ich drauf und dran, die Seelsorge anzurufen. Dann fiel mir in letzter Sekunde ein, dass mein Schwiegervater, ein Arzt im Ruhestand, sich dort mehrere Abende im Monat engagierte. Allein die Vorstellung, wie das Telefongespräch verlaufen wäre, wenn ich zufällig ihn an der Strippe gehabt hätte …

Sicher hätte ich mich auch meiner Frau anvertrauen können, sie ist Kinderpsychologin. Aber ich bin kein Kind, ich bin ein Erwachsener ohne Arbeit. Und ich wollte ihr bei dem ganzen Kummer, den sie den Tag über schon hört, nicht noch mehr zumuten …

Nachdem ich also der Reihe nach alles verworfen hatte und am Ende nichts mehr übrig blieb, begann ich schließlich meine »Philo-Therapie«. Der kathartische Effekt der schriftlichen Meditation stellt sich nicht automatisch ein. Es reicht nicht, einfach etwas niederzukritzeln, und schon verschwinden alle Probleme wie durch Zauberei. Gleichzeitig, oder eigentlich als Vorbedingung, muss ich, um es philosophisch auszudrücken, Trost suchen. Der Umgang mit den Philosophen der Antike und ganz besonders mit Epikur hat mir auf einer, sagen wir, technischen Ebene viel gebracht. Zunächst, weil der Epikureismus ganz klar fordert, jeder müsse sich »um seine eigene Heilung kümmern«. Schließlich bin ich als Individuum auf mich selbst gestellt und in letzter Konsequenz nur mir allein verbunden – also sollte ohnehin niemand anderes als ich selbst sich um mich kümmern. Ich habe also auf ganz natürliche Weise den Garten des Epikur betreten.

Wer wäre nicht gern Epikur gewesen? Es ist doch ein beneidenswertes Los, der Nachwelt seinen Namen als Synonym für »Genuss« zu hinterlassen. Für Epikur ist das Glück auf Erden möglich. Vorausgesetzt, man mäßigt seine Gelüste und bekämpft seine Ängste. Heute Morgen beschäftige ich mich mit den Umständen seines Todes. Ironie des Schicksals: In jenem Winter des Jahres 270 v. Chr. wird der Theoretiker des Genusses seit zwei Wochen von furchtbaren Schmerzen geplagt. Diese Beschwerden, die schließlich in Nierenkoliken gipfeln und ihn halb lähmen, sind ihm nicht neu. Mit seinen fast zweiundsiebzig Jahren hat er längst gelernt, sie zu ertragen und damit zu leben. Doch diesmal lassen die Schmerzen einfach nicht nach. Sie werden Tag für Tag schlimmer. Das Ende naht.

Wir befinden uns in jenem Garten, in dem Epikur seit fünfunddreißig Jahren seine materialistische, sensualistische und hedonistische Philosophie lehrt. Ein kleines Anwesen mit Haus und Gemüsegarten. Hinter der unspektakulären Fassade verbirgt sich eine originelle Schule, die in ganz Griechenland und darüber hinaus großen Einfluss genießt: die Schule der Glückseligkeit. Der Garten befindet sich in einem einfachen Vorort Athens. In jener Zeit sind die griechischen Städte zum Schauplatz endloser politischer Auseinandersetzungen geworden. Außerhalb der Städte ist man inzwischen sicherer.

Im Garten bauen der Meister und seine Schüler ein bisschen Gemüse an, vor allem Bohnen. Der Anbau erlaubt es der Gemeinschaft sogar, eine Hungerperiode zu überstehen. Der Garten: das perfekte Sinnbild von Autonomie und Autarkie, die Epikur so am Herzen liegen.

An diesem unseligen Tag scharen sich die Schüler um ihren Meister. Darunter sind Freunde, aber auch Frauen und Diener. Denn die Schule des Epikur – das ist einer der in der Athener Gesellschaft innovativsten und umstrittensten Aspekte – nimmt auch Sklaven auf. Sie werden nicht nur wie Menschen behandelt, sie nehmen sogar an den philosophischen Arbeitsgruppen teil. Auch Frauen werden in die Gemeinschaft aufgenommen, obwohl ihre Anwesenheit den nicht geheuren, revolutionären Ruf des Gartens verstärkt …

Wie lebte Epikur? War er ein vegetarischer Weiser oder ein unersättlicher Wüstling? Sein Charisma und die Verbreitung seiner hedonistischen Philosophie im ganzen Mittelmeerraum haben rasch Eifersucht und Missgunst erregt. Seine erbittertsten Gegner finden sich unter den Stoikern, schroffen Moralisten und strengen Asketen, die ihn unaufhörlich angreifen, widerlegen und durch den Schmutz ziehen. Für sie ist Epikur ein Ignorant, ein Verkünder von Obszönitäten, ein Vielfraß, ein Schwein. Einige beschreiben ihn in einem fortgeschrittenen Zustand des physischen Verfalls, unfähig, sich von seinem Lager zu erheben, ein Opfer der Vergnügungssucht. Dieser Schmähruf hält sich lange. Noch Jahrhunderte später wird man ihm vorhalten, er habe sich alle Episoden seiner erotischen Eskapaden notiert: Montag: Themista, die Frau von Lonteus, Dienstag: die Hetäre Leontion, Mittwoch …

Liest man Epikurs Texte, so neigt sich die Waage eindeutig zur Seite seiner Fürsprecher. In einem Brief an seinen Schüler Menoikeus stellt er eindeutig klar, dass der Genuss des Lebens nicht in »Trinkgelagen und ununterbrochenem Schwärmen« bestehe, noch im »Genuss von Knaben und Frauen und von Fischen und allem anderen, was ein reichbesetzter Tisch bietet«. Die größte Glückseligkeit sei es, sich »mit Wasser und Brot« zu begnügen. Und in einem anderen Brief bittet er einen Freund: »Schicke mir doch einmal ein Stück kythischen Käse, damit ich, wenn ich Lust dazu habe, einmal recht schwelgen kann.« Auch wenn Epikur in der Lust »Anfang und Ende des seligen Lebens« sieht, ist das, wonach er eigentlich sucht, doch recht bescheiden.

In einer berühmten Theorie unterscheidet Epikur drei Arten von Begierden: die natürlichen und notwendigen, die natürlichen, aber nicht notwendigen und die weder natürlichen noch notwendigen. Die ersten, wie zum Beispiel trinken, wenn man durstig ist, oder essen, wenn man Hunger hat, sind überlebenswichtig. Sie sind leicht zu befriedigen. »Die Stimme des Fleisches spricht: Nicht hungern, nicht dürsten, nicht frieren: Wer das besitzt oder darauf hoffen darf, der könnte sogar mit Zeus an Glückseligkeit wetteifern.« Die Begierden der zweiten Kategorie, etwa besser essen oder etwas anderes trinken als gewöhnlich, sind weder verurteilenswert noch gefährlich, können jedoch Abhängigkeit verursachen und sind mit Vorsicht zu genießen. Und was die letzten, von der Gier nach Ruhm, Reichtum oder widernatürlichen Wonnen diktierten Begierden angeht, so sind diese nicht etwa aus moralischen Gründen zu ächten, sondern weil sie uns in Unzufriedenheit und Abhängigkeit stürzen.

Und die sexuelle Begierde? In dieser Frage bleibt Epikur vage. Er scheint sie zu den natürlichen Begierden zu rechnen … doch nicht zu den unbedingt notwendigen: »Ich habe vernommen, dass bei dir die Bewegung des Fleisches nach dem Genusse der Liebe besonders heftig drängt. Wenn du nun den Gesetzen nicht zuwider handelst, die gute gegebene Sitte nicht verletzest, keinen von deinen Nächsten betrübst, das Fleisch nicht aufreibst und das zum Leben Notwendige nicht verbrauchst, dann folge deinem Wunsche, wie du willst«, verordnet er in einem seiner Sprüche. Selbst in seinen wildesten Ausschweifungen ist der Epikureer weit entfernt vom ungebremsten Konsum eines Casanova.

Im Jahre 306 erwirbt Epikur das kleine Anwesen mit Garten in einem Athener Vorort und gründet hier seine nach ihm benannte Schule. Ein anspruchsloses und bescheidenes Domizil, doch jeder Gast wird stets herzlich aufgenommen. »Freund, das ist ein guter Ort. Hier wird nichts mehr verehrt als das Glück«, mit diesen Willkommensworten werden die neuen Schüler am Eingang empfangen.

Ich stelle mir jenen Tag im Februar vor, an dem der Theoretiker der Glückseligkeit, von Schmerzen gequält, sich vorbildlich tapfer und gleichmütig zeigt. Er hat es sich zur Gewohnheit gemacht, dem körperlichen Schmerz keine Beachtung zu schenken. Noch unter größten Qualen pflegt er mit seinen Besuchern über Physik und Philosophie zu sprechen. »Wenn ich krank bin«, beteuert er, »gebe ich den Ärzten keine Gelegenheit, ihren Stolz zu nähren, sondern lebe einfach gut und redlich weiter.« In der Tat hat er eine ganz eigene Auffassung vom Schmerz. Seiner Ansicht nach kann der Mensch Schmerzen immer beherrschen. Denn entweder sind sie sehr stark und dauern nicht lange, oder aber sie sind so schwach, dass wir sie ertragen …

Aber wo und wie findet man das Glück? Auf einem Epikur zugeschriebenen Papyrus fand man eine überraschende Antwort: »Schon hier im Diesseits existiert ein Leben in Glückseligkeit.« Dies wiederum beinhaltet zwei nicht voneinander trennbare Aspekte: das Fehlen von physischem Schmerz (Aponie) und das Fehlen von seelischem Kummer (Ataraxie). Diese doppelte Negierung mündet in einer gewissen Grundzufriedenheit, von Epikur »katastematisch« genannt, die man mit purer Lebensfreude gleichsetzen kann.

Will der moderne Mensch das Glück auf Erden erlangen – was heute ja fast eine Verpflichtung ist –, so bietet die Pharmaindustrie ihm eine ganze Palette von Medikamenten an: Viagra, Prozac und andere Wachstumshormone, um nur die wichtigsten zu nennen. Epikur stellt nur vier zur Auswahl: sich nicht vor den Göttern fürchten, sich nicht vor dem Tod fürchten, wissen, dass die Glückseligkeit erreichbar und dass der Schmerz erträglich ist.

Die Schule des Gartens vertritt eine in der Geschichte des griechischen Denkens radikal neue Vorstellung vom Tod. Nach Epikur ist der Tod schon deshalb nicht furchterregend, weil er nichts ist: »Wenn wir da sind, ist der Tod nicht da, und wenn der Tod da ist, sind wir nicht da.« Diese knappe Formulierung unterstreicht noch einmal die Aufforderung, jedes Leben, jedes Vergnügen auf dieser Erde auszukosten. Schön und gut, aber aus der Sicht eines Kranken muss der Wahrheitswert von Epikurs Argument auf null gehen: Ich bin zwar da, aber es ist, als wäre ich schon tot.

Die epikureische Vorstellung vom Tod wird klarer, wenn man sich den Kontext dieser Doktrin anschaut: Der Tod ist nichts, weil er die Auflösung der Seele ist. Mit ihm verfliegt die Seele wie ein Atemhauch, sie trennt sich vom Körper, der seinerseits zerfällt. Und mit der Seele geht die Grundlage unserer Wahrnehmung und damit unseres Wissens. »Der Tod ist der Verlust der Wahrnehmung«, heißt es im *Brief an Menoikeus*. Wenn wir tot sind, gibt es nichts mehr zu erleben, zu denken oder auszudrücken. Der Tod ist für uns nur ein kleiner Schritt, ein jäher Sprung ins Nicht-Empfinden, Nicht-Leben, Nicht-Wissen. Warum sollten wir uns davor fürchten? Stattdessen müssen wir das »schöne Wagnis« des Sokrates, also die Hoffnung auf ein Weiterleben der Seele im Jenseits, verwerfen. Denn diese Hoffnung trennt Körper und Seele. Sie verfinstert das irdische und körperliche Leben. Sie flößt dem Lebenden Schuldgefühle ein. Im Grunde führt sie den Kummer und die Verwirrung wieder ein, all die Dinge, die der Ataraxie der Epikureer widersprechen.

In der Logik des Lebens ist der Tod ein Ereignis, das uns aus einem natürlichen Zustand herausschleudert, eine Art Abschiebung. Seine Wirklichkeit bleibt uns fremd. Es gibt keine Zuflucht vor ihm, und danach kann man mit keiner Wiedergeburt, keiner Erlösung rechnen. Überflüssig also die Vorstellung eines göttlichen Gerichts, das uns im Jenseits erwartet. Gewiss existieren die Götter, aber sie mischen sich nicht in menschliche Belange ein, unser Los ist ihnen vollkommen gleichgültig. Sie sind selige Wesen, deren Existenz sich durch das Fehlen von Kummer auszeichnet. Der Mensch kann weder Vergebung noch Mitleid von ihnen erwarten. Der Epikureismus hält an den Göttern fest, befreit den Menschen jedoch von religiösem oder mythologischem Glauben. Der Tod rückt die Menschen nicht in die Nähe der Götter, sondern er trennt sie von sich selbst.

Alles passiert also schon hier unten auf Erden. Man muss »unter den Menschen leben wie ein Gott. Denn keinem sterblichen Wesen gleicht der Mensch, der inmitten unsterblicher Güter lebt.«

Der letzte Tag Epikurs ist ein einziger Lobgesang auf die Freundschaft. Der Meister ist umringt von seinen Schülern. Er trägt seinen Schmerz mit Fassung, überwindet ihn, indem er sich um andere sorgt. Er macht sein Testament. Das Hab und Gut, die Einkünfte, die Schriften vermacht er seinen Schülern. Er teilt das Erbe unter seinen Kindern und seinen wichtigsten Anhängern auf. Er schenkt vier seiner Sklaven die Freiheit. Kurz vor seinem Tod diktiert er einen letzten Brief an seinen Schüler Idomeneus. Ein Sklave und Philosoph notiert folgende Botschaft: »Einen glückseligen und gleichzeitig den letzten Tag meines Lebens verbringend, schreibe ich euch dies. Die Harn- und Ruhrbeschwerden haben einen solchen Grad erreicht, dass sie nicht mehr heftiger werden können. All dem aber steht gegenüber die Freude meines Herzens in der Erinnerung an die von uns geführten Gespräche. Du aber sorge gemäß deiner seit dem Knabenalter gegen mich und die Philosophie bewiesenen Ergebenheit für die Kinder des Metrodoros.«

Als er diesen Brief fertig diktiert hat, bittet Epikur darum, man möge ihm ein heißes Bad vorbereiten. Gestützt von seinen Schülern steigt er hinein. Dann verlangt er etwas Wein. Er riecht an dem Krug, der ihm eiligst gereicht wird, dreht sich zu seinen Freunden um, mahnt sie ein letztes Mal, sich an seine Lehren zu erinnern, und haucht seine Seele aus.

Der Gedanke an einen Freund und ein Brief: Bis zum letzten Moment, als der Tod ihn schon umschleicht, zieht die epikureische Freundschaft weiter ihre Kreise und knüpft Bande. Ein schönes heißes Bad, als der eisige Tod sich ankündigt, der Duft von Wein, immer wieder das sinnliche Erleben und der Genuss, seien sie noch so gering und lächerlich, noch an den Toren zum Nichts. Der Tod bedeutet die letzte Ataraxie, das Ausklammern aller physischen Schmerzen und aller Sorgen. Ein letzter Toast auf das Leben.

Ich brauchte eine Weile, um den Becher des Epikur zu leeren, denn ich hatte meine Zweifel, ob das epikureische Konzept in meinem Fall anwendbar ist. Doch nach der Lektüre eines hochoffiziellen Berichtes fielen meine letzten Vorbehalte in sich zusammen wie ein Kartenhaus. »Ist man arbeitslos, weil man krank ist? Oder krank, weil man arbeitslos ist? Oder beides?« Mit dieser und ähnlichen Fragen beschäftigte sich eine medizinische Koryphäe in einer Studie über die gesundheitlichen Folgen des Arbeitsplatzverlustes. Wenn sich die Frage dem Arzt so stellt, ist es wohl tatsächlich besser, der Patient sucht selbst nach der Antwort … Also beschloss ich, das ganze Chaos höchstpersönlich zu klären!

Im Laufe meiner Recherchen stellte ich fest, dass die epikureische Therapie sehr präzise Übungen anbietet: 1) Wer gesunden will, muss zunächst nach den Gründen seiner Krankheit suchen. Die Epikureer unterscheiden grundsätzlich zwei Ursachen: die Angst und das maßlose Begehren. 2) Daraufhin muss der philosophische Patient die sogenannte Auflösung praktizieren, die darin besteht, die eigene Schuld zu erkennen, sich von einer Fehleinschätzung zu befreien, zum inneren Dialog zurückzukehren, wieder zu

Argumenten und schließlich zu Überzeugungen zu gelangen.

Ich folgte dieser Methode, obwohl mir die Übungen anfangs reichlich schwammig erschienen. Am schwierigsten fand ich es, den inneren Dialog wiederherzustellen. Doch genau da musste ich ansetzen: bei der Einstellung, die ich zu mir selbst hatte. Ich betrachtete mich mittlerweile als elendes Häufchen Nichts, als unfähig, ohnmächtig, ein *has been*, der zum alten Eisen gehörte, ein Versager. Ich war völlig wertlos, zu nichts mehr zu gebrauchen, Umtausch ausgeschlossen, alles vorbei.

Welche Ängste und welche maßlosen Begehren verstecken sich in dieser Selbsterniedrigung? Meine Meditationen erzählen von den Schwierigkeiten, die mir bei der Beantwortung dieser Frage begegneten. Nach einigem Zögern, vielen Umwegen, Widerständen und Maskeraden dämmerte es mir: Ich hatte Angst zu verlieren. Ich hatte meinen Job verloren, mein Gehalt, meine Funktion, meine Vorteile. Und ich fürchtete, noch mehr zu verlieren, wenn diese Situation weiter andauerte: Auto, Haus und noch mehr, wie es bei vielen Arbeitslosen eben der Fall ist. Doch meine eigentliche Angst, die eine ständige sprachlose Spannung erzeugte und sich wie eine leblose Masse in meinem Innern zusammenklumpte, war die Angst, ein für alle Mal verloren zu haben, und Punkt. Ein vor langer Zeit begonnenes Spiel, in meiner Kindheit und sicher noch früher, in den Generationen vor meiner Zeit. Ich stamme aus einem Milieu von Unternehmern, von Arbeitstieren. Arbeit war immer eine der größten Tugenden und Armut ein Gräuel, was gewiss daran liegt, dass sich in der Armut das harte Leben unserer Vorfahren im hintersten Kalabrien widerspiegelt.

Ich teilte diese Ideologie der Arbeit und des damit verbundenen Wettbewerbs. Seit meiner Kindheit habe ich in allen Bedeutungen des Wortes gekämpft, im Unterricht ebenso wie in den Pausen. Als es mit dem väterlichen Bauunternehmen bergab ging, krempelte ich die Ärmel hoch und ging jobben, um mir mein Studium zu finanzieren: als Hafenarbeiter, Kellner, Aufseher, Gemüsebauer, Erntehelfer. Dieser ganze Einsatz schien nun sinnlos und vergebens, und all diese grundlegenden Werte mussten durch neue ersetzt werden. Ich musste mir das Herz herausreißen, um weiterleben zu können.

Aber ich fürchtete noch etwas anderes ... Um es mit Epikur zu sagen, hatte ich Angst vor einer Fülle kleiner murrender, verächtlicher und negativer Gottheiten: die anderen, die Eltern, die Freunde, die Kinder, die Kollegen, die Bekannten, die wirklichen und die imaginären anderen, in meiner Innen- und in der Außenwelt, kurzum: alle anderen. Ich hatte Angst vor ihrem Urteil, vor ihrem Blick. Ich musste diesen kleinen Tyrannen die Stirn bieten, diesen schädlichen und böswilligen Idolen.

So viel zur Angst, bleibt noch das maßlose Begehren, das sich als noch leichter zu identifizieren erwies. Als Arbeitsloser war ich wie ein ungezügeltes, orientierungsloses Kind, besessen von seinem Verlust, geblendet vom eigenen Unglück. Hier waren es die soziale Identität und die zugehörige Anerkennung, die mir fehlten.

Die auf Auflösung zielende Meditationstechnik, die die Epikureer so priesen, war mir eine Qual. Sie war so schwierig, weil der Dialog mit mir selbst unmöglich geworden war – was ich auflösen musste, war letztendlich ich selbst.

Es lag auf der Hand, dass ich eine Antwort auf folgende Fragen finden musste: Wie kann man sich von der Übermacht der anderen befreien, wenn man an Einsamkeit leidet? Wie mit sich selbst ins Gespräch kommen, wenn man sich verachtet? Lange Zeit drehte ich mich im Garten des Epikur nur im Kreis …

Achte Meditation

Über die Gleichgültigkeit

Der Skeptizismus ist ein bewährtes Mittel, sich Leiden und Illusionen vom Leib zu halten. Wie Pyrrhon, Vater dieser Philosophie, der an der Expedition von Alexander dem Großen teilnahm und persische Weise und indische Fakire kennenlernte, soll man Teilnahmslosigkeit an den Tag legen und sein Urteil zurückhalten. Auf diese Weise gewöhnt man sich schneller an die Leere der Arbeitslosigkeit und kann wieder neue Kraft schöpfen

»Sollen wir die Fragen der Presse beantworten? Müssen wir ein Seminar veranstalten? Wie lautet das Inhaltsverzeichnis der monatlichen Publikation? Welches Budget steht uns für das Buffet zur Verfügung? Herr Sowieso bittet um einen Gesprächstermin …« Ich traf meine Wahl. Bewerten, beschließen, einen Entscheidungsprozess beeinflussen, ihn beschleunigen oder beenden: All dies machte meinen Alltag als »PR-Chef« aus. Jeder Tag brachte neue Herausforderungen. Die Abteilung Kommunikation agiert auf der Schnittstelle verschiedenster Informationsströme und ist für die Führung eines Unternehmens unentbehrlich. Sie hilft, immer mehr Entscheidungen immer schneller zu treffen. Und wenn das Unternehmen eine Krise durchläuft, steht der PR-Chef an vorderster Front.

In meiner Position konnte und musste ich Prioritäten von Nebensächlichkeiten unterscheiden, Wichtiges von Dingen, die warten konnten, Chancen von Gefahren, handfeste Hinweise von Gerüchten. Natürlich bekamen auch Personen meine Urteilskraft zu spüren. Ich trennte Kompetente von Unfähigen,

Verbündete von feindlich Gesinnten, also die Guten von den Bösen. Ich beeinflusste den Lauf der Welt, ausgehend von meiner ganz eigenen Perspektive, die sich – das weiß ich heute – selbst konstruierte, indem sie ihre Umgebung konstruierte.

In der Arbeitslosigkeit ist von dieser Entscheidungs- und Urteilsmacht nichts mehr übrig. Ich stürzte vom hohen Ross und kam unter die Räder. Ich treffe keine Wahl mehr, übe keinen Einfluss mehr aus, werde erst gar nicht mehr gefragt, bin auf dem Nullpunkt eines erzwungenen Skeptizismus angelangt. Stattdessen bin ich sogar Gegenstand der Ablehnung, gehöre zur zweiten Garnitur: »Du musst deine Texte noch mal überarbeiten, der zuständige Redakteur findet sie ein bisschen blass.« Noch unangenehmer eine andere Situation, nach einem Einstellungsgespräch: »Deine Vorstellung war nicht gerade überzeugend. Die Jury hat dich nicht in Erinnerung behalten.« Nun bin ich selbst der Angeschmierte …

Nach ein paar Monaten nahm ich wieder eine ganz andere Sichtweise an. Mir war, als würde sich die Welt der Berufstätigen zu einer globalen Verschwörung formieren, zu einem Komplott von Mittelmäßigen, Neidern, Geldgierigen und anderen Perversen. Sie drängten sich Ellenbogen an Ellenbogen, um ihr Territorium zu verteidigen. Seit ungefähr zehn Jahren gab ich Seminare an einer Fakultät, etwa dreißig Stunden im Jahr. Mitten im Semester musste ich plötzlich damit aufhören. Ich hatte nicht mehr das Recht dazu: Um als Angestellter zu gelten, wäre der Nachweis von tausend Arbeitsstunden nötig gewesen … Ich hätte auch für lau weitergemacht, aber nein, irgendein Verwaltungsfuzzi hatte mich auf dem Kieker und ließ mich abblitzen.

Nachdem ich einen Zeitungsartikel gelesen hatte, der behauptete, heutzutage sei es modern, seinen reichen Erfahrungsschatz für die berufliche Umorientierung zu nutzen, kam ich auf die Idee, ganz in den Bereich Bildung umzusatteln. Sich seine beruflichen Kompetenzen von den zuständigen Behörden anrechnen zu lassen, ist jedoch ein Hindernislauf, der nirgendwohin führt. Ich hatte gleichzeitig zu viele Diplome und zu viel Erfahrung, um vom entsprechenden Programm des Arbeitsministeriums zu profitieren. Den Abschluss, den ich brauchte, um an der Uni lehren zu können, wollte oder konnte mir niemand anerkennen, obwohl ich seit einem Dutzend Jahren Magisterarbeiten betreute … Andererseits interessierten sich alle brennend für meinen Werdegang im Journalismus und später in der PR-Branche, sei es in der Agentur oder in der Wirtschaft. Also bot man mir an, das Seminar für 35 Euro die Stunde zu geben. Leider war mir das aufgrund meines Arbeitslosenstatus nicht erlaubt. Ein Teufelskreis.

Man muss wohl auch die wohlmeinenden Berufstätigen auflisten, welche die Gelegenheit ausnutzen und einen umsonst für sich arbeiten lassen – sie nennen das Investition in die Zukunft –, sowie jene, die einen manipulieren wollen. Die Hunde riechen den Geruch der verletzten Beute …

Nach und nach bekam ich ein negatives und paranoides Bild von meinen Mitmenschen und versank mit ihnen in diesem Sumpf des Nihilismus. Völlig zu Unrecht interpretierte ich die winzigste Bemerkung als Drohung, glaubte mich ständig verteidigen zu müssen, war verschlossen, angespannt und abwesend.

Seelisch trieb ich auf einem Meer der Lethargie dahin. Die Uhrzeit und der Ort einer Verabredung hatten keine Bedeutung mehr, ebenso unwichtig war es, morgens oder abends eine Stunde joggen zu gehen, von Jogging als solchem ganz zu schweigen. Ich, der sich täglich an der Quelle der Presse genährt hatte, las nicht mehr, hatte keine Meinung mehr zu all den Herzschmerzgeschichten, Enthüllungsstorys und Prozessen. Auch sonst hatte ich keine Meinung mehr zu irgendwas, nicht einmal zu mir selbst. Mir war alles egal, Jacke wie Hose, gehupft wie gesprungen.

Es ist kaum verwunderlich, dass ich mich in den Texten der Skeptiker wiederfand und sie als Anregung nahm, meine Situation zu überwinden.

Der Skeptizismus ist für die Philosophie das, was ein gelangweiltes Kind für seine euphorischen Eltern ist: eine entmutigende Angelegenheit.

»Sollen wir uns im Kino den neuen Harry Potter ansehen?«

»Kino? Ach, ich weiß nicht, Papa …«

Skeptiker ist jemand, der gänzlich indifferent und ohne echte Wertschätzung für irgendetwas ist, der oft nicht einmal zwischen den Dingen unterscheidet. Hier ein Beispiel für eine Unterhaltung mit einem Skeptiker:

»Möchtest du lieber Bordeaux oder Coteaux du Languedoc?«

»Ist mir egal …«

»Sollen wir Weihnachten auf den Antillen oder vor der Glotze verbringen?«

»Keine Ahnung …«

Skeptiker sind die großen Verweigerer der Philosophie.

Einer der Meister dieser Geistesströmung heißt Pyrrhon. Er kommt gegen 360 v. Chr. auf die Welt. Anfangs war er nur ein armer Maler, der einsam und zurückgezogen lebte, fast ein Eremit. Da es mit der Malerei nicht so gut läuft, beschließt er, sich der Philosophie zuzuwenden. Nach einem ersten Lehrer namens Bryson begegnet er Anaxarch, einem Schüler von Demokrit. Dieser Anaxarch ist ein ganz außergewöhnlicher Mann und von solcher Seelenruhe und Liebenswürdigkeit, dass ihn alle den »Glückseligen« nennen. Dabei ist Anaxarch keineswegs ein Weichei, er endet sogar als Held. Er wird unter einem fadenscheinigen Vorwand verhaftet und muss schreckliche Martern über sich ergehen lassen, angeordnet vom Tyrannen Nikokreon von Salamis, der ihn in einen Mörser werfen und mit eisernen Keulen zerstampfen lässt. Kurz vor seinem Tod spricht der Philosoph den berühmten Satz: »Zerstampfe nur, zerstampfe des Anaxarchos Ranzen, den Anaxarch zerstampfst du nicht.« Daraufhin befiehlt der zornige Tyrann, man möge ihm die Zunge abschneiden. Anaxarch beißt sie sich kurzerhand selber ab und spuckt sie ihm mitten ins Gesicht!

Das Leben des Pyrrhon scheint ruhiger zu verlaufen. In den Fußstapfen des Anaxarch folgt er jahrelang dem Feldzug Alexanders des Großen in den

Orient, begegnet hier den Magiern Persiens und den indischen Gymnosophisten (wörtlich übersetzt die »weisen Nackten«, also die Fakire). Er bringt von seinen Reisen exotische Vorstellungen mit, zum Beispiel die der Unbegreiflichkeit der Dinge (akatalépsia) oder Praktiken aus der orientalischen Meditation wie das Zurückhalten des Urteils (epoché). Die ganze Bedeutung dieser Importe wird erst deutlich, wenn man den historischen Kontext berücksichtigt. In Athen ist eine heftige philosophische Auseinandersetzung zwischen den Anhängern von Platon und denen von Aristoteles entbrannt. Akademie oder Lyzeum – wo liegt die Wahrheit? Der Skeptizimus macht aus dem Zweifel eine theoretische und ethische Haltung und schlägt damit einen dritten Weg vor, der wie gerufen kommt. Nach seiner Rückkehr aus dem Feldzug gründet Pyrrhon im Alter von ungefähr vierzig Jahren eine kleine Schule in seiner Geburtsstadt Elis. Sie ist weniger durchorganisiert als der Garten des Epikur oder die Säulenhalle der Stoiker, genießt aber doch einen gewissen Einfluss.

Pyrrhon begegnete seinem eigenen Leben mit völliger Indifferenz. Er interessierte sich kaum für das, was ringsherum geschah, achtete auf der Straße ebensowenig auf einen Graben wie auf aggressive Hunde oder umherfahrende Karren. Bei so viel Unachtsamkeit mussten seine Schüler abwechselnd bei ihm Wache schieben, um das Schlimmste zu verhindern. Einmal soll er Anaxarch die rettende Hand verweigert haben, als dieser in einen Sumpf gestürzt war. Das gehört sich doch nicht für einen Freund, werden Sie nun sagen. Nicht bei den Skeptikern. Nach diesem Zwischenfall gratuliert Anaxarch Pyrrhon sogar, nicht eingeschritten zu sein. Wenn ihn jemand mitten in einem langen philosophischen Gespräch stehen lässt, fährt Pyrrhon mit seiner Erörterung einfach fort und liefert sich die Fragen und Antworten selber.

Selten weicht er von seinem Prinzip der Unerschütterlichkeit ab. Nur seine Schwester, eine Hebamme, mit der er zusammenwohnt, scheint in der Lage zu sein, ihn aus der Fassung zu bringen. Philista ist eine zierliche, aber aufmüpfige Frau. Pyrrhon kümmert sich um die Hühner und erledigt die Hausarbeit. Offensichtlich hat im Hause die Schwester die Hosen an. Eines Tages wird jemand zufällig Zeuge eines Wutausbruchs, der sich gegen Philista richtet. Doch dieser Ausrutscher scheint fast der einzige gewesen zu sein. Eine andere kleine Abweichung von der skeptischen Regel soll einem Hund geschuldet sein, der Pyrrhon anspringt und erschreckt. Als Pyrrhon darüber die Fassung verliert, zieht ihn ein Beobachter der Szene damit auf. Die Antwort des Philosophen: »Es ist schwer, den Menschen vollständig abzulegen.« Immerhin gut zurückgehalten, das Urteil.

Pyrrhon bleibt ein leicht verschrobener Phantast, für den nichts schön oder hässlich ist, nichts gerecht oder ungerecht, der nie eine Sache einer anderen bevorzugt. Zwar lässt sich nicht sagen, ob sein praktizierter Skeptizismus dazu beitrug, doch steht fest, dass Pyrrhon neunzig Jahre alt wurde. Anscheinend war er bei seinen Mitbürgern beliebt, denn sie befreiten erst ihn und dann alle Philosophen von sämtlichen Steuern. Vielleicht war das der Dank dafür, dass er sie so wunderbar in Ruhe ließ.

Wie Sokrates hat auch Pyrrhon keine Schriften verfasst. Die kleine Schule, die er in Elis unterhielt, war mehr eine Schule des Glücks denn ein Ausbildungszentrum wie Platons Akademie. Der Begriff »Skeptizismus« kommt vom griechischen *skepsis*, was »Prüfung« heißt. In der Tat sind die Skeptiker der Ansicht, wir könnten die Wahrheit nur prüfen, sie aber niemals wirklich finden. Um glücklich zu sein, müssen wir zunächst beobachten, wie die Dinge funktionieren, müssen versuchen zu verstehen. Dann müssen wir in Betracht ziehen, welche Einstellung wir dazu einnehmen wollen und welche Folgen sich daraus ergeben. Da alles gleichrangig nebeneinander existiert, die Dinge also veränderlich und nicht unterscheidbar sind, können unsere Wahrnehmungen und Meinungen nie wahr oder falsch sein. Daher ist jedes Urteil zu vermeiden. Dieser Verzicht ist die einzig mögliche Haltung, auch das Schweigen (Aphasie) und die Unerschütterlichkeit (Ataraxie) finden hier ihren Ursprung.

In der Praxis kann die Unerschütterlichkeit durchaus heilsame Effekte haben. Sie ermöglicht die Relativierung. Eine Anekdote berichtet, auf einer Seefahrt hätte die Besatzung sich Sorgen über ein drohendes Unwetter gemacht. Die Männer ziehen Pyrrhon ins Vertrauen, der an der Schiffsreise teilnimmt. Anstatt zu antworten, zeigt er nur auf ein Ferkel, das oben an Deck frisst und sich nicht von der Farbe des Himmels beunruhigen lässt.

Ein gewisser Timon, Schüler des Pyrrhon, sagte: »Ob der Honig süß ist, weiß ich nicht sicher; aber dass er süß schmeckt, dem stimme ich zu.« Der Verzicht auf die Wahrheit, auf das Wissen um das Sein, wäre nicht durchzuhalten, wenn nicht unser ganzes Leben voll von Meinungen oder einem Angebot von Meinungen wäre. Wir lieben es abzuschätzen, auszuwählen, vorzuziehen oder abzulehnen. Ohne dieses permanente Bewerten wäre jedes Handeln unmöglich, außerdem verlöre das Leben seine ganze Würze. »Wer gewinnt heute Abend? Marseille oder Real Madrid?« Wenn Sie beim Einschalten des Fernsehers nicht das geringste Interesse am Ausgang des Spiels haben, können Sie auch gleich schlafen gehen … Unser ganz banaler Alltag besteht aus einer unendlichen Folge von Festlegungen. Außerdem kann die Gleichgültigkeit in manchen Fällen sogar kriminelle Züge annehmen. Man kennt ja die Begründung: »Ich habe die Bomben zwar geworfen, aber ich habe nicht richtig dran geglaubt …« Der Gipfel der Feigheit. Und des Zynismus.

Was die Wirkung auf das antike Denken angeht, so hat der Skeptizismus einen ganzen Schwarm kleiner Schulen mit blumigen Namen hervorgebracht. Neben den Pyrrhoneern oder den Skeptikern findet man noch die Aporetiker (Zweifler), die Ephektiker (Zurückhalter des Urteils) und die Zetetiker (Untersucher).

Wie viele seiner Zeitgenossen sucht also Pyrrhon eher nach dem Glück als nach der Wahrheit. Er findet es in der Ataraxie, des Unerschütterlichkeit des Gemüts. Pyrrhon betrachtet das Leben aus der Ferne. Er vergleicht die Menschen mit Bienen, Ameisen oder auch Blättern, die durcheinanderwirbeln.

Zum Tod vertritt er allerdings doch so etwas wie

einen Standpunkt. Als man ihn zu diesem Thema befragt, zitiert er Homer, zweifellos, um sich nicht selbst festlegen zu müssen: »Stirb denn, Lieber, auch du! Warum wehklagst du vergeblich? Starb doch auch Patroklos, der weit an Kraft dir voranging.« Auch hier wieder der Nullpunkt der Gleichgültigkeit. Da Pyrrhon das Leben nur flüchtig aus der Distanz betrachtet, versteht man besser, warum der Tod, also der Extrempunkt des Nicht-Scheins, ihm nur ein Homer-Zitat entlockt. Man sagt, Pyrrhon sei eines Tages gestorben. Woran und unter welchen Umständen? Darüber ist selbstverständlich nichts bekannt.

Gleichgültigkeit ist beunruhigend. Durch sie geht uns ein Teil von uns selbst verloren, jener Teil, der unablässig abwägt, bewertet, entscheidet. Ich urteile, also bin ich. Und urteile ich nicht, wirft mich das zurück in die Existenzform der Dinge und Tiere. Ich unterscheide nichts mehr, weder die Welt noch mich selbst. Die Gleichgültigkeit weckt auch Skrupel. Wenn jedermann jederzeit wählt, verwirft oder vorzieht, in was für eine Position der Anormalität, der Schwäche und der Monstrosität begibt sich dann jemand, der ungerührt wie ein Felsen durch die Welt marschiert?

Durch die Philosophie der Skeptiker versuchte ich das Nichts der Unerschütterlichkeit, in die ich gestürzt war, anzunehmen und mich daran zu gewöhnen. Der anfängliche Aporetiker in mir verwandelte sich nach und nach in einen Zetetiker: die Leere akzeptieren, sie besser kennenlernen, beherrschen, handhaben und schließlich Kraft aus ihr schöpfen.

Die skeptischen Übungen haben mir auch dabei geholfen, an meinen Illusionen zu arbeiten, die mit Schopenhauer angefangene Baustelle wiederaufzunehmen und zu erweitern. Eine Art inneres Licht hat sich wieder eingestellt. Ein helles, gnadenloses, unausweichliches Licht. Es verleiht der Vergangenheit die zarte, flimmernde Konsistenz des Scheins. Die Wirklichkeit, an der ich offensichtlich so hing – denn ihr Verschwinden bereitete mir Kummer –, ist nur eine Fiktion, und all die Figuren, die sie bevölkern, sind Phantasiegestalten. Ein Traum, ein Schattentheater, eine Scheinwelt. Ich hatte mich die ganze Zeit abgehetzt und abgestrampelt und eine doch ins Auge springende Wahrheit übersehen. In all diesen Jahren des beruflichen Auspowerns war ich vor mir selbst geflohen. Nun konnte ich den ganzen Ballast, der mich schon damals bedrückte, endlich abwerfen.

Eine Kluft tut sich auf: Dieses vergangene Leben hat nichts mehr mit meinem jetzigen Ich zu tun. Es hat kaum mehr Konsistenz als eine Plastiktüte, die vom Wind über die Straße getrieben wird. Vom Druck zur Leichtigkeit, vom Sinn zum Zufall, von der Verpackung zum Inhalt.

Als mich der Überdruss einmal besonders packte, ging ich zu einer Weissagerin. »Etwas Schlechtes für etwas Gutes« – sie meinte die Arbeitslosigkeit –, verkündete sie geheimnisvoll, nachdem sie in die Karten gesehen und mir dafür 30 Euro abgeknöpft hatte. Eigentlich habe ich mit solchen Dummheiten sonst nicht viel am Hut, man muss wohl meine Abgespanntheit für diesen Ausrutscher verantwortlich machen … Um dieser Investition doch noch eine gewisse Rentabilität zu verleihen, suchte ich lange nach dem »Guten«, von dem die Frau gesprochen hatte, die positive Randerscheinung dieser Lebensphase. Jetzt sehe ich sie deutlich: Die Wechselfälle des Lebens lenken mich geradewegs zur nackten Wahrheit des Schicksals. Ich werde sterben. Alles andere ist Schein.

Sextus Empiricus, Mediziner des 2. Jahrhunderts, vergleicht die Haltung der Skeptiker mit der eines gewissen Künstlers namens Apelles. Als dieser ein Pferd malte, wollte es ihm nicht gelingen, den Geifer des Tieres darzustellen. Er brach die Arbeit ab und warf wütend den Schwamm, mit dem er seine Pinsel reinigte, auf das Bild. Durch den Aufprall ergab sich der Geifer des Tieres wie von selbst.

Ich mache es genauso. Ich suche nichts mehr, ich warte, bis die Wahrheit im Laufe meiner Meditationen ganz von selbst in Erscheinung tritt.

Neunte Meditation

Über die Seltsamkeit der Liebe

Ein Seitensprung auf den Spuren Abaelards, Meister der Rhetorik und verfemter Philosoph des 12. Jahrhunderts, zeigt uns, dass die Liebe uns Reichtum, Ehre und gar die Männlichkeit kosten kann. Richtet sie sich auf das falsche Objekt, schadet sie nur. Auch die Arbeit zu sehr zu lieben ist eine negative Leidenschaft, vor der man sich hüten muss.

»Du redest wie über eine verflossene Liebe ...« Wir saßen mit ein paar Freunden beim Aperitif und plauderten über dies und das. Als mich irgendwer fragte, wie ich denn zurechtkäme, ließ ich auf dieses Zeichen von Mitgefühl hin meiner Enttäuschung und Nostalgie freien Lauf, ohne es zu merken – wieder einmal kehrte ich im Geiste zurück zu meiner Fluggesellschaft. Zwischen zwei Gläsern Wein von einem Freund abgeschossen, hatte der Pfeil – völlig unbeabsichtigt – ein Ziel tief in meinem Inneren getroffen, das ich gar nicht genau hätte bestimmen können. Stunden später zeigte sich der ganze Sinn der Bemerkung über meine vermeintliche Liebschaft. In jener Nacht konnte ich nicht schlafen, wieder und wieder ging mir dieser Satz durch den Kopf, bis ich ihn endlich verstand.

Noch zögere ich, seine Bedeutung preiszugeben. Vorher möchte ich von Abaelard erzählen, der einer der berühmtesten Liebenden der Geschichte ist und zugleich ein Philosoph, in dessen Schriften ich damals wieder las. Vielleicht kann er mir mit seinem leidenschaftlichen Charakter den nötigen Mut für meine Geständnisse einflößen.

Abaelard wird im Jahr 1079 in der Nähe von Nantes geboren, sein Vater, ein Ritter namens Berengar, ist Herr über Le Pallet. Eigentlich heißt Abaelard Pierre. Schon als Kind besitzt er »ein lebhaftes Temperament und eine für die wissenschaftliche Ausbildung leicht empfängliche Begabung«, schreibt er selbst in der *Geschichte seiner Niederlagen*. Ich mache mir Gedanken über die Herkunft dieses seltsamen Namens: Abaelard. Er soll seinen Ursprung im übermütigen Wesen des kleinen Pierre haben. Als dieser das Studium der Naturwissenschaften vernachlässigt, versucht ihn einer seiner Lehrer mit folgender ironischer Bemerkung zur Arbeit zu animieren:

»Wenn der Hund satt ist, leckt er nur noch am Speck.«

»Ich habe schon den Speck«, antwortet der kleine Pierre daraufhin hochmütig. Originalversion auf Lateinisch: *Habeo lardum*, daher also der Spitzname Abaelard.

Genau in diesem Moment hat der junge Bretone seinen Weg gefunden. Er beschließt, sich ganz und gar dem Studium zu widmen. Er verzichtet auf das Ältestenrecht und sein Erbe, entsagt dem Waffenhandwerk und sucht »statt der Kriegstrophäen die Gefechte der Disputationen«. So wird er zum fahrenden Ritter der Philosophie, zieht von einer Schule zur nächsten und folgt dem Unterricht der großen Meister. Nach kürzester Zeit beherrscht er die komplexe Kunst des Syllogismus und des Dilemmas, beteiligt sich an allen erdenklichen Disputen und scheut sich nicht, die größten Rhetoren zu attackieren. Dank seiner außerordentlichen Auffassungsgabe durchdringt er die Philosophie seiner Zeit im Handumdrehen. So entwickelt er sich schon in jungen Jahren zu einem Meister der Rhetorik in allen Kategorien.

Der Universalienstreit steigert sein Ansehen zusätzlich. Hinter dieser wenig attraktiven Bezeichnung verbirgt sich die berühmteste und heftigste Kontroverse des 12. Jahrhunderts. In ihr gelangt Abaelard zu Ruhm und Glanz. Worum geht es? Auf den ersten Blick handelt es sich um ein verzwicktes Logikproblem. In der Philosophie des Mittelalters nennt man »Universalien« die Allgemeinbegriffe, die eine Gattung oder eine Art von Dingen bestimmen (zum Beispiel Mensch, Tier, Baum). Es gibt zwei widerstreitende Lager. Das erste, in der Tradition Platons stehende Lager geht davon aus, die Allgemeinbegriffe seien unvergänglich und beständiger als die von ihnen bestimmten Dinge, und gesteht ihnen eine objektive Realität zu. Die Idee des Menschen ist dieselbe in Sokrates, in dir und in mir, so die Konzeption der Realisten. Das Gegenlager vertritt die Ansicht, die Allgemeinbegriffe existierten nicht ohne die Individuen. In der Tat hat nie jemand die Idee des Menschen durch die Gegend spazieren und guten Tag sagen sehen. Die Universalien sind also nichts als Namen, so die Auffassung der Nominalisten. Realismus und Nominalismus: Diese beiden Denkrichtungen liefern sich einen erbitterten ideologischen Kampf, als Abaelard mit folgender These als Aushängeschild die Bühne betritt: Die Universalien sind weder einfache Bezeichnungen noch ungreifbare Realitäten, die über den Köpfen der durch sie bestimmten Individuen schweben. Wenn das Letztere der Fall wäre, dann müsste man die daraus resultierende Allgegenwärtigkeit erklären. Wie könnte der Mensch Sokrates in Athen und zugleich irgendwo anders ich oder du sein? Es kann demnach keine Allgemeinbegriffe ohne konkrete Individuen geben, so Abaelards Position im Universalienstreit. Sehr umfassend und sehr differenziert. Dieser brillante Beitrag zur größten intellektuellen Streitfrage des Jahrhunderts bringt ihm internationales Renommee ein. Nach einem Aufenthalt in der Bretagne gründet er auf dem Mont Sainte-Geneviève bei Paris eine eigene Schule, die Zustrom von Studenten aus ganz Europa genießt. Reichtum und Anerkennung folgen. Mit sechsunddreißig Jahren befindet sich Abaelard auf dem Höhepunkt seines Erfolgs.

In diesem Moment kreuzt sich sein Weg mit dem von Heloise. Glauben wir der *Geschichte seiner Niederlagen*, hat er sich bis zu diesem Zeitpunkt von Frauen ferngehalten und lebte »streng enthaltsam«. Doch nun entflammt der ledige Philosoph auf den ersten Blick in Liebe zu diesem Mädchen Heloise. Sie ist fünfzehn, ein Waisenkind. Ihr Onkel, ein gewisser Fulbert, Kanoniker in Notre-Dame, kümmert sich um ihre Erziehung. Abaelard erliegt nicht allein ihrer äußeren Erscheinung. Natürlich ist sie schön, doch vor allem ist sie eine sehr gebildete junge Frau, was in der damaligen Zeit eine absolute Ausnahmeerscheinung ist. Der geldgierige Fulbert erträumt sich eine großartige Zukunft für seine Nichte. So kann ihn Abaelard leicht überzeugen, der Hauslehrer von Heloise zu werden. Zumal er sogar anbietet, gegen Zahlung einer Aufwandsentschädigung in dessen Haus zu ziehen, damit er Tag und Nacht die tadellose Erziehung gewährleisten und seine Schülerin, wenn nötig, »rücksichtslos züchtigen« kann. Völlig naiv vertraut Fulbert das unschuldige Lamm dem hungrigen Wolf an.

Und dann? Abaelard selbst formuliert es so: »Da wurden über dem offenen Buch mehr Worte über Liebe als über Lektüre gewechselt …«

Eine so leidenschaftliche Verliebtheit gab ihm zweifellos ausgiebig Gelegenheit, seine Theorie über die weiblichen Wesenheiten zu überprüfen. Abaelard lässt sich von Erregung und Wollust mitreißen und ahnt noch nicht, dass er an die Pforte des Unglücks geklopft hat.

Wenn man verliebt ist, wird alles andere unwichtig. Abaelard vernachlässigt seine Seminare und dichtet stattdessen Liebeslieder. Ganz Paris zerreißt sich das Maul über seine neue Leidenschaft. Als die Gerüchte auch Fulbert erreichen, ist Heloise bereits schwanger. Das Liebespaar tritt den strategischen Rückzug an und flieht in die Bretagne. Dort bringt Heloise einen Sohn auf die Welt, der den Vornamen Astrolabius bekommt (von *astrum*, »Stern« und *lapsus*, »Fall«). Ein merkwürdiger Vorname, der jeden von Lacan geprägten Psychoanalytiker entzücken dürfte …

Abaelard bietet Fulbert an, Heloise zur Frau zu nehmen unter der Bedingung, dass die Ehe geheim bleibt. Die eigentliche Betroffene wehrt sich lange gegen diese Lösung, willigt aber schließlich ein. Astrolabius wird der bretonischen Sippe anvertraut, dann kehrt das Paar nach Paris zurück. Er zieht in ein

Hospiz für Alleinstehende, sie wohnt wieder bei Fulbert, der sie schlägt. Im Übrigen hält sich der Oheim nicht an seine Versprechen und gibt die Heirat überall preis. Also entführt Abaelard Heloise ein zweites Mal und bringt sie in das Nonnenkloster Argenteuil bei Paris. Ab diesem Zeitpunkt entwickelt sich das Leben des Philosophen zu einem Alptraum. Denn Fulbert und seine Familie haben einen grausamen Rachefeldzug ausgeheckt. »Nachdem sie meinen Diener mit Geld bestochen hatten, nahmen sie eines Nachts, als ich ruhig in einer abgeschiedenen Kammer schlief, die grausamste und beschämendste Rache an mir, welche die Welt mit höchstem Entsetzen vernahm: Sie beraubten mich der Körperteile, mit denen ich begangen hatte, worüber sie klagten.« Die Arbeit von Profis. Fulbert hat zwei Schweineverschneider geschickt: Kastration durch Entfernung der Hoden.

Nach diesem grausamen Verbrechen ergreift ganz Paris, Klerus inbegriffen, Partei für den Philosophen. Der Bischof enteignet Fulbert. Die Täter werden bestraft. Theoretisch könnte Abaelard wieder nach Hause zurückehren. Auch rein physisch bleibt ihm das Paarleben möglich. Doch er legt wieder einen Überraschungscoup hin und entscheidet sich dagegen. Mag sein, dass ihm ein Leben als Eunuch an der Seite von Heloise als unzumutbar erscheint. Noch eine andere Hypothese wird laut: Die Ehe wird in Intellektuellenkreisen nicht gern gesehen. Jedenfalls gehorcht Abaelard den gesellschaftlichen Zwängen und geht ins Kloster, obwohl er damit de facto seine Frau dazu verdammt, dasselbe Schicksal zu erleiden.

Hinter Klostermauern kann man immer noch lehren, und der intellektuelle Ruhm reizt den kastrierten Philosophen ungleich mehr als die Liebe.

Und schon im Jahr darauf findet er sich an vorderster philosophischer Front wieder. Seine Vorlesungen haben mehr Kraft und Energie denn je. Sein letztes Werk, *Über die göttliche Einheit und Dreiheit*, das er im Jahre 1120 vollendet, erregt beträchtliches Aufsehen. Darin hinterfragt Abaelard »das Fundament unseres Glaubens selbst« mit Analogien aus dem Bereich menschlicher Vernunft und tritt erneut eine Debatte los, nun aber eine richtige. Man erinnert sich an den Universalienstreit. Unter dem Deckmantel einer schwer verständlichen theoretischen Auseinandersetzung versteckte sich in Wirklichkeit ein ganz anderer Konflikt: Philosophie gegen Religion, Vernunft gegen Glaube, Wissen gegen Glauben. In seinem Werk erklärt Abaelard, dass die Trinität einem Syllogismus ähnelt, in dem drei verschiedene Sätze ein und denselben Gedankengang darstellen: Der Vater ist Macht, der Heilige Geist ist Weisheit und der Sohn ist Liebe.

Für einen Teil der Geistlichkeit kommt das einer Kriegserklärung gleich. Die Dogmen sind unantastbar, die Mysterien undurchdringlich. Abaelard wird der Ketzerei bezichtigt. Er muss sich vor dem Konzil von Soissons verteidigen. Doch schon vor seiner Anhörung haben seine Gegner ihr Urteil längst gefällt. Der brillante Redner bekommt keine Gelegenheit, sich zu Wort zu melden. Man spricht ihn schuldig, ohne ihn anzuhören. Urteil: Verbrennung des Buches und ein Jahr Klosterhaft.

So verstreicht Abaelards Leben ohne Heloise. Akademische Ehren, endlose Kämpfe mit der Kirche, Bannungen und gnädige Wiederaufnahmen. Als er seinen letzten Kampf gegen den Vorwurf der Häresie schließlich verliert, zieht er sich für immer in das Halbdunkel der Abtei von Cluny zurück.

Zwischen Kastration und Tod gibt es noch den Briefwechsel der getrennten Eheleute, den sie zehn Jahre lang führen. Die Authentizität wird zwar von einigen Spezialisten immer noch angezweifelt – er sei zu beherrscht, zu distanziert, um echt zu sein. Dennoch nähren die Briefe den Mythos um Abaelard und Heloise. Sie sind ja auch wirklich ziemlich anrührend und herzzerreißend … Kurzes Resümee: In der *Geschichte seiner Niederlagen* hatte Abaelard ausführlich von seinen Abenteuern berichtet. Heloise nutzt die Gelegenheit, um ihre Version der Dinge zum Besten zu geben. Sie liebt Abaelard noch immer. Sie hat nie akzeptiert, dass sie ihr Dasein im Kloster fristen muss, und wirft ihrem Mann sein langes Schweigen vor: »Darum beschwöre ich dich: Schenke mir deine Gegenwart, so gut du kannst, und schreib mir zum Trost wenigstens etwas … Lebe wohl, du mein Ein und Alles.« Abaelard antwortet, doch er bleibt reserviert: »Meine Liebe soll man Begehrlichkeit, nicht Liebe nennen. Meine elenden Begierden befriedigte ich an dir, und das war alles, was ich liebte … Klage um deinen Retter, nicht um deinen Verführer; um deinen Erlöser, nicht um deinen Buhlen …« Zweiter Brief von Heloise: »Ich denke an dich, ich liebe dich, ich will dich, ich begehre dich, wie einst und mehr denn je …« Ein verkrüppelter Mann. Ein verrückter Pfarrer. Eine in den Nonnenschleier gezwungene Frau. Eine zweifelnde Äbtissin. Die Unmöglichkeit der Liebe. Der Dienst an Gott mit seiner ganzen Bürde.

Abaelard stirbt im April 1142, viele Jahre nach diesem Briefwechsel ohne Echtheitszertifikat. Da ist er dreiundsechzig. Auf seinen Wunsch hin wird sein Leichnam ins Kloster Le Paraclet transportiert, wo Heloise ihn bestattet. Sie überlebt ihren Gatten bis ins Jahr 1164. Kurz vor ihrem Tod äußert sie den Wunsch, neben Abaelard begraben zu werden. Eine Legende besagt, beim Öffnen des Sarges hätten Abaelards Gebeine sich plötzlich nach seiner Dulcinea ausgestreckt … Jahrhunderte später werden die Überreste durch eine Bleiplatte erneut getrennt. Und erst zu Beginn des 19. Jahrhunderts werden die verfemten Geliebten auf dem Friedhof Père Lachaise für immer vereint.

Zurück zu mir und zu der schlaflosen Nacht, in der alles begann. Wie konnte ich diese nun offensichtlich gewordene, von Anfang an unausweichliche Tatsache nur so lange ignorieren? Ich war in diese Fluglinie verliebt! Endlich habe ich ein Wort für dieses Gefühlschaos, diese Mischung aus Frustration und Traurigkeit, die mein Herz bedrückt, seit ich zu der großen Familie der Erwerbslosen gestoßen bin. Es geht hier um enttäuschte Liebe. Keine Frage.

Manchmal ist die Wahrheit grotesk. Verliebt in eine Stewardess, meinetwegen, das ist ja schon ein Klassiker; verknallt in einen Fluglotsen, warum nicht – es ist schließlich keine Seltenheit, dass Schwule sich erst spät outen. Flugzeugliebhaber wäre ja auch noch akzeptierbar, im Übrigen ist diese Neigung im Bereich der Luftfahrt sogar ziemlich weit verbreitet – für das Magazin des Unternehmens habe ich einmal einen Mechaniker porträtiert, der behauptete, jedes Bauteil des Flugzeugs wie eine Person zu behandeln und anzusprechen … Aber verliebt in das ganze Unternehmen? Das ist absurd, gestört, unheimlich. Wie war eine derartig fehlgeleitete Investition von Gefühl möglich? Durch welchen Fehler? Welche Perversion? *Travail*, das französische Wort für »Arbeit«, stammt von dem lateinischen *tripalium*, einem Folterinstrument. Durch welche Umkehrung, Verrückung, Verdrehung konnte es zu einem Synonym für Vergnügen werden?

Die Antwort auf all diese Fragen ist sehr einfach: Unternehmenskultur. Jetzt sehe ich es, ich habe, oder besser wir haben – denn ich war nicht der Einzige, wir waren Hunderte, die gesamte Belegschaft von der Spitze bis zur Basis –, wir alle haben also geschuftet bis zum Umfallen, ohne auf die Uhr zu gucken, ohne die Stunden, die Tage, die Urlaubsansprüche zusammenzuzählen. In Wirklichkeit arbeiteten wir nicht, sondern vergnügten uns. Das Vergnügen und das Streben nach ihm haben uns wach gehalten, verfügbar, einsatzfreudig. Das Vergnügen ließ uns den ganzen Tag und bis in den Abend hinein von der Firma reden, von ihren Schwächen, ihrer Entwicklung, ihrer Undankbarkeit. Wir haben die Firma erotisiert, sie war unsere Angebetete, jedenfalls für einen Großteil der Männer – was die Frauen angeht, müsste ich noch einmal nachfragen –, Piloten, Flugbegleiter, Mechaniker, Fluglotsen, Angestellte und andere männliche Angehörige des Personals am Boden und in der Luft. Allesamt seufzende Verliebte, närrische Kavaliere.

Zuneigung, Leidenschaft, Schwärmerei … Ich lausche den Stimmen des Alltags, den Werbeslogans, den Parolen zum internen und externen Gebrauch, all diesen immer neuen, sich stets wiederholenden Schlagwörtern unserer Unternehmensphilosophie. Im Grunde ging es darin immer nur um das eine: die Liebe.

Jedes Unternehmen hat seine eigene Philosophie, und jede Unternehmensphilosophie hat ihre Spezialität; unsere war die Gefühlsbetontheit. Wir wurden von der Firma erwärmt und in Flammen gesetzt, die genährt wurden, bis wir verbraucht waren. Einige werden hinter der angeblichen Liebe ausgeklügelte und raffiniert inszenierte Manipulation entdecken. Mag sein. Soll ich diese kollektive Halluzination rückblickend verurteilen, diese schöne Illusion, die es uns erlaubte, eine Firma im Todeskampf am Leben zu erhalten, die fünf Geschäftsjahre in Folge rote Zahlen schrieb? Die es uns ermöglichte, die Angst vor der Liberalisierung der Luftfahrt zu bewältigen, mit Übernahmen, Konkursen und Kündigungswellen, also die Angst, alles könnte plötzlich zu Ende sein? Die Liebe – das gehört zu ihren wohltuenden Nebenwirkungen – hat uns blind gemacht, sicher, aber sie hat uns auch geholfen, Berge zu versetzen.

Und als Pressechef war ich in diesem Liebeswalzer derjenige, der unserer Firmendame ein Aussehen und eine Sprache gab. Ich hockte im Herzen dieser ganzen Gefühlsduselei, genau im glühenden Zentrum, wo das Phantom entstand und den meisten Schaden anrichtete. Ich entfachte das Feuer, machte es zu einem Flammenmeer, das bis in die Ferne loderte. Aber auch die Liebe hat ihre Zeit. Eines Tages kamen die Schweizer und haben die Firma rationalisiert, kaltgestellt, auf Kurs gebracht, die Kassen gefüllt und uns damit das Herz aus dem Leib gerissen.

Das also war die Wirklichkeit, die mir in jener schlaflosen Nacht ins Auge sprang: Ich war verliebt und ich wurde betrogen. Für ein Gehalt zwar, aber dennoch betrogen. Und dann noch verstoßen. Und dadurch todtraurig. Das also war die Falle, in die ich hineingetappt war, ohne es zu merken, auch ich war dem kollektiven Phantasma erlegen. Nun verstand ich die Taubheit meiner früheren Kollegen, wenn ich sie zu warnen versuchte: »Nehmt euch in Acht, ihr glaubt, ihr kommt heil da raus, aber die Firma geht baden.« Oder: »Sorgt vor, kümmert euch um Alternativen. Sonst schwärmt ihr in höchsten Tönen von der Firma, wenn sie längst den Bach runter ist …« Sie wollten das alles nicht hören. Es war ihnen gleichgültig. Wie kann man einem Freund begreiflich machen, dass ihm Hörner aufgesetzt werden?

Die Schlaflosigkeit gab mir einen Rat: Sie führte mir vor Augen, wer ich gewesen und wer ich geworden war. Ein verliebter Abteilungsleiter, entflammt wie der arme Abaelard, ein bewunderter und dann wie er bestrafter Angestellter. Nach der rosig erträumten Zukunft kam die Zeit, in der sich Zeichen, Bilder und Bande auflösten.

Die Leidenschaft für das Unternehmen verblasste, doch ich litt immer noch unter den schmerzhaften Folgen. Ich musste noch gründlicher vergessen. Der Todeskampf der Firma verlief in spektakulären Krämpfen, die Tag für Tag in der Presse geschildert wurden, und es war schwierig, sich dieser Medienpräsenz zu entziehen. Doch der Exgeliebte hatte sich verändert. Durch seine philosophischen Meditationen versuchte er sich durch kleine, aber neue und umso authentischere Leidenschaften neu zu erfinden.

In jener Nacht stand ich auf und schlich im Haus umher, um die anderen nicht zu wecken. Ich betrachtete meinen Schatten in den Fensterscheiben. Ich grübelte über die widersprüchliche Nähe von Schmerz und Vergnügen. Ich ging auf die Fünfzig zu. Hatte ich noch Lust zu verführen und verführt zu werden? Zu welcher Liebe war ich noch fähig? Bilder aus meiner Vergangenheit als Verliebter gingen mir durch den Kopf. Ich wollte wieder leben. Mit allem drum und dran.

Zehnte Meditation

Über die Beherrschung des Bewusstseins

Noch immer gilt Senecas Selbstmord auf Befehl von Kaiser Nero 65 n. Chr. als Vorbild der Selbstbeherrschung. Die Exerzitien der stoischen Philosophie bieten echten Trost bei Schicksalsschlägen. Im Gegensatz zu den Vorurteilen, die in den Führungsetagen des Managements kursieren, sind es gerade die Schwächen, die der Arbeitslose für sein »Unternehmen Ich« nutzen kann.

Der endlose Sturz des Ikarus … Während ich in der Arbeitslosigkeit versinke, bewegt sich die Fluglinie unweigerlich auf ihr Ende zu. Die Wiederbelebung durch die Schweizer Gruppe endete in einem Fiasko. Und was darauf folgte, war keinen Deut besser. Um einige Zweigstellen geschrumpft und nach zwei Sozialplänen zählt das Unternehmen mittlerweile nur noch achthundertfünfzig Beschäftigte. Als einzige regionale Fluglinie Frankreichs hat es die verheerende Liberalisierung des Luftverkehrs überlebt, doch nun geht es mit ihm nur noch bergab. Und auch ich lasse immer mehr Federn. Höchste Zeit, dass ich einen Strich darunter ziehe und etwas Neues beginne. Doch die Zeiten sind hart, und ich bin immer noch sehr niedergeschlagen, mutlos und verbittert.

Als Journalist und PR-Chef habe ich mitgeholfen, unzählige Krisen zu managen. Nun aber bin ich völlig außerstande, meine eigene zu überwinden. Einfach unglaublich! Ein Werbeguru hatte einmal den Einfall, mit dem Fallschirm über der Stadt abzuspringen, die er zuvor mit dem Slogan »Montpellier – eine

Stadt hebt ab« beworben hatte. Bei der Landung brach er sich das Bein … Das Lachen über dieses Missgeschick bleibt mir inzwischen im Halse stecken. Auch ich erlebe mich jetzt als Ikarus im freien Fall und habe keinen Notfallplan, um mich aus dem Schlamassel zu befreien.

Auf der Suche nach einem Halt begab ich mich weit zurück in meine Vergangenheit. Damals brachte ich es an der Uni bis zu einer Lehrqualifikation in Philosophie. Ich schwankte zwischen einer Laufbahn als Hochschullehrer und dem Journalismus. Ich war ziemlich umtriebig, liebte die Unternehmerwelt und das Gefühl, etwas zu bewirken, während die Vorstellung, mein Leben als Pauker an irgendeinem Gymnasium zu fristen, mir ein Graus war. Nach zwei verpatzten Aufnahmeprüfungen zur Unilaufbahn wandte ich mich der Presse zu und suchte mir dort meine Nische. Damals explodierte der Kommunikationssektor geradezu, und zunächst machte auch ich auf dieser Schiene weiter. Aber ich verlor die Philosophie nie ganz aus den Augen. Ich nutzte jede Möglichkeit, mich weiterzubilden, und vor allem versuchte ich, die Methoden und die Werte, die ich kennengelernt hatte, in der Praxis umzusetzen.

Ich bin überzeugt, dass die Unternehmen immens davon profitieren würden, wenn sie die Philosophie – das unermüdliche Fragen im Dienste der Menschheit – sowohl in ihr strategisches Planen als auch ins Management integrieren könnten. Ohne Zweifel wäre ihr Umgang mit den Beschäftigten und mit der Kundschaft dann nicht mehr ganz so dumm, verächtlich und rücksichtslos, und unterm Strich hätten sie so auch mehr Erfolg ... Aber nun war ich draußen und allein. Also entdeckte ich meine geliebten Forschungen wieder.

»Stoiker« stammt vom griechischen *stoa*, »Säulenhalle«, denn tatsächlich unterrichtete Zenon aus Kition (um 336 bis 264 v. Chr.), der Gründer dieser Lehre, in einer Athener Säulenhalle. Die Entwicklung dieser großen Schule der antiken Philosophie lässt sich in drei Perioden aufteilen: die ältere, die mittlere (in den beiden vorchristlichen Jahrhunderten) und die römische Stoa, als deren Hauptvertreter Cicero, Seneca, Epiktet und Mark Aurel gelten.

Ähnlich wie die Epikureer streben auch die Stoiker nach Ataraxie (Unerschütterlichkeit), indem sie die Seele von allem fernhalten, was sie verwirren könnte, vor allem von den Leidenschaften, die es als Krankheiten der Seele zu bekämpfen gilt. Jedoch sieht der Stoiker das höchste Gut nicht im Genuss, sondern in der Tugendhaftigkeit, die als Ausschalten der Affekte begriffen wird (Apathie). Wäre die Philosophie ein Sport, so könnte man sagen, die Stoiker bleiben lieber in der Defensive, während die Epikureer das offensive Spiel bevorzugen.

Für die Stoiker ist Gott überall. Er verschmilzt mit der Natur, deren oberstes Ordnungsprinzip er ist. Gott, die Natur und die Vernunft sind die untrennbaren Elemente einer einzigen Gleichung. Daher bedeutet für den Weisen ein Leben im Einklang mit der Vernunft auch immer ein Leben im Einklang mit der Natur. Mit ihrem Gesetz, mit ihrem Prinzip übereinzustimmen ist für Seneca gleichbedeutend mit Weisheit. Denn die Natur gehorcht einer ganzen Kette von Ursachen und webt so ein Schicksal, dem der Mensch sich vollkommen unterwerfen muss. »Wenn man ihr folgt«, so Seneca, »ist alles leicht, mühelos; wenn man sich ihr widersetzt, ist das Leben nicht anders, als wollte man gegen die Strömung rudern.« Demnach ist es aussichtslos und verhängnisvoll, sich gegen den Lauf der Dinge zu sperren. Allerdings kann man versuchen, das Schicksal zu verstehen, seine Neigung zu erkennen, seinen Verlauf vorauszuahnen: »Ein jeder nähert sich mutiger dem, worauf er sich lange eingestellt hat, und auch bei harten Schicksalsschlägen, wenn er sie vorausgeahnt hat, hält er stand.« Ich begebe mich in die Fußspuren Senecas und will versuchen, mein Unglück zu akzeptieren…

Nachdem Nero Rom in Brand gesteckt hat, wird Seneca klar, dass er in Lebensgefahr schwebt. Es gelingt ihm, sich auf seine Besitztümer in Kampanien zu flüchten. Hier lebt er wie ein Asket. Er ernährt sich nur von wilden Äpfeln und Quellwasser, gewiss um einem möglichen Giftanschlag zu entgehen. Als der Kaiser in den Provinzen Steuern für den Wiederaufbau der durch seine Hand in Flammen aufgegangenen Stadt erhebt, überlässt Seneca ihm fast sein ganzes Vermögen. Doch diese Spende schützt ihn ebenso wenig wie sein Rückzug. Seneca versteht die Botschaft des Kaisers sofort. Er muss an seine eigenen Worte denken, mit denen er den jungen Kaiser einst in die Kunst der Rhetorik eingeführt hatte. Neros Gesandtem erklärt er, er wolle lediglich seiner angegriffenen Gesundheit Herr werden. Er kennt Nero nur zu gut, seine Perversität, seine Hinterhältigkeit.

Und er weiß, dass sein ehemaliger Schüler, das Monster, ihn wörtlich nehmen wird.

Seneca wandelt durch die geräumigen Gemächer seiner Villa in Kampanien. Er denkt an Lucilius, den wohlhabenden Prokurator von Sizilien, für den er seit zwei Jahren die geistige Leitfigur ist. Er denkt an all die Briefe, die er ihm geschrieben hat, an all seine Überlegungen zum Tod, die er ihm mitgeteilt hat. Bruchstücke davon gehen ihm durch den Kopf: »Das ist das Einzige, weswegen wir über das Leben nicht klagen können: niemanden hält es ... Um das Körpergewicht herabzusetzen, wird zur Ader gelassen. Nicht ist es nötig, mit klaffender Wunde die Brust zu spalten: mit einem kleinen Messer wird der Weg geöffnet zu jener großen Freiheit, und einen Stich kostet die Sorgenlosigkeit ... Siehst du diesen Abgrund? Er ist ein Abstieg in die Freiheit. Siehst du diesen Bach, diesen Brunnen, diesen See? Dort liegt die Freiheit, in der Tiefe. Doch ich schweife ab. Wie könnte der seinem Leben ein Ende setzen, der nicht einmal einen Brief zu beenden vermag? ... Ich habe gelebt, liebster Lucilius, soviel es genug war: den Tod erwarte ich nach erfülltem Leben. Leb wohl.«

Verhöhnung des Todes, versuchter Selbstmord: zwei Facetten der stoischen Einstellung zum Tod, die auf die griechischen Ursprünge der Lehre zurückgehen. Man sagt, Zenon sei mit zweiundsiebzig Jahren an den Folgen eines banalen Sturzes beim Verlassen der Säulenhalle, seiner Schule, gestorben. Bevor er seinen Geist aushauchte, hatte er noch Zeit, folgenden Spruch zu sagen: »Schon komme ich, was rufst du mich?« Diese Mischung aus Beherztheit und

Entsagung steht vollkommen im Einklang mit den Grundsätzen dieser Philosophie. »So oft erprobt der Tod mich? Soll er es tun: Ich habe ihn lange erprobt«, erklärt Seneca. »Tod ist, nicht zu existieren. Wie das ist, weiß ich bereits: das wird nach mir sein, was vor mir gewesen ist ... Nenntest du es nicht überaus töricht, wenn einer meinte, einer Lampe gehe es schlimmer, wenn sie gelöscht ist, als bevor sie angezündet wird?«

Der Tod als absolute Auslöschung, als Rückkehr ins Nichts. Der reiche Patrizier schreitet durch seine weitläufige Villa und verspürt keine Angst. Sein Schicksal hat es so gewollt, dass er seine treue Gemahlin, seine Freunde und sein ganzes Vermögen verliert. Und was passiert danach mit der befreiten Seele? Nichts. Es gibt kein glückliches Jenseits. Das Glück findet sich nur im Diesseits, in der Selbstbeherrschung und in jenen flüchtigen Momenten, in denen wir den Zustand der Ataraxie erreichen. Und die Unsterblichkeit der Seele? »Ein schöner Traum«, antwortet Seneca, ein leerer Traum. Eine süße Illusion. Die alten Vorstellungen haben ihre Lebendigkeit eingebüßt. Und der offizielle Kult des sich selbst zum Gott auf Erden erklärenden Kaisers konnte sie auch nicht ersetzen. Wer glaubt schon an Verrückte, an Irre? Was ist das Leben eines Menschen wert in einer Umgebung der Hinrichtungen, Massaker, Muttermorde, der in Zirkusspielen organisierten Blutbäder? Nichts. Und der Tod auch nicht.

Neros Bote klopft an die Tür. Auch Freunde von Seneca sind gekommen. »Du hast gesagt, du wolltest auf deine Gesundheit Rücksicht nehmen. Der Kaiser zieht daraus seine Schlussfolgerungen und befiehlt dir zu sterben.«

Im Atrium erhebt sich ein Wehklagen. Seneca fordert seine Anhänger zu mehr Gefasstheit auf. Haben sie die Gebote seiner Philosophie vergessen? Den Grundsatz, nach dem man gegen alle Schicksalsschläge gewappnet sein muss? Diese letzte Wendung ist nicht überraschend, denn Neros Barbarei ist keine Neuigkeit. Alles entspricht der Natur der Dinge: Nachdem Nero seine Mutter und seinen Bruder ermordet hat, trachtet er nun nach dem Leben des Meisters, der seine Jugend erhellte.

»Anstatt zu jammern, solltet ihr lieber das Bild meines Lebens im Gedächtnis bewahren.«

Seneca geht zu Paulina und umarmt sie.

»Mäßige deinen Schmerz. Sei nicht traurig. Suche Trost in meinem Leben.«

»Ich werde mit dir gehen.«

»Ich habe dir die Mittel gezeigt, die das Leben erträglicher machen, du ziehst es vor, rühmlich zu sterben. Ich werde diesem deinem löblichen Entschluss nichts in den Weg legen. Mögen wir beide die gleiche feste Haltung bei diesem tapferen Sterben zeigen und dein Ende rühmlicher sein!«

Dann öffnen sich beide mit derselben Klinge die Pulsadern. Doch der Tod will nicht kommen. Das Blut rinnt nur tröpfchenweise aus dem ausgezehrten Körper Senecas. Der Philosoph befiehlt, man möge ihm auch die Schlagadern an den Beinen und in den Kniekehlen öffnen. Er wird von grausamen Schmerzen geschüttelt und fürchtet, seine Frau zu erschrecken, darum lässt er sie in ein Nebenzimmer bringen.

Dann ruft er seine Sekretäre und diktiert eine lange Abschiedsrede an das römische Volk. Der Tod tritt immer noch nicht ein. Seneca lässt einen befreundeten Arzt kommen und bittet ihn, ihm Gift zu verabreichen. Er setzt sich in ein heißes Bad, bespritzt seine Sklaven mit Wasser und sagt: »Ich weihe dieses Nass Jupiter, dem Befreier.« Dann verlangt er, dass man ihn aus der Wanne hole, weil ihn der Dampf erstickt. Die Ähnlichkeiten und Unterschiede zum Tod des Epikur sind auffallend. In der Tat hat sich Seneca sehr oft auf den Philosophen des Gartens bezogen und bisweilen skrupellos von ihm abgeguckt. Noch mit diesem letzten heißen Bad imitiert er ihn. Allerdings verschafft es ihm keinerlei Linderung, sondern beschleunigt das Ende. Und da, wo Epikur trinkt und genießt, hält sich Seneca streng an das Ritual.

Anfangs erschien mir die Heilmethode der Stoiker einfach nur furchtbar. Diese Männer, von denen ich da las, schienen mir mit übermenschlicher Kraft und Tapferkeit ausgestattet. Diese Latte hing mir zu hoch. Wie erreicht man einen solchen Grad an Entsagung, Disziplin und Klarheit? Ich war schließlich nur ein Westeuropäer aus der zweiten Hälfte des 20. Jahrhunderts. Ich hatte keinen Krieg miterlebt, keine Naturkatastrophe, keine Wirtschaftskrise. Ich lebte in Euroland und war durch den französischen Staat sozial abgesichert. Ich war das Kind eines gesegneten Landes und einer gesegneten Epoche, ich konsumierte, ich begehrte, ich vergnügte mich. War ich überhaupt in der Lage, auch nur eine Note der rauen Musik der Stoiker zu vernehmen?

Ja, ich war. Nach ein paar notwendigen Anpassungen an meine Fähigkeiten setzte ich die grundlegenden Übungen dieser Philosophie, die sich in ihrem Kern als spirituelle Praxis verstand, in die Tat um. Hier drei dieser Prinzipien, deren Wirksamkeit ich persönlich erprobt habe:

1) Auf sich selbst achten. Die Stoiker nennen diese Grundhaltung *prosoché* (Wachsamkeit). »Der Anfang allen Philosophierens liegt in der Erkenntnis der eigenen Unzulänglichkeit«, sagt Epiktet. Dieser Ansatz sprach mich durchaus an, die vorliegenden Zeilen können das bezeugen. Allerdings bedeutete das auch, dass ich nicht länger vor mir selber fliehen durfte, sondern mir meine eigene Schwäche endlich eingestehen und sie annehmen musste.

Darüber hinaus bewirkt die innere Sammlung der Stoiker eine Distanzierung zu den eigenen Leidenschaften und Begierden. Durch sie wurde mir klar, dass ich selbst die Ursache meines Grams und dieser somit nicht unüberwindbar war. Meine Entwöhnung vom Zigarettenkonsum, die etwa in dieselbe Zeit fiel, zeigte das sehr deutlich.

Schließlich lenkt die stoische Wachsamkeit das Bewusstsein auf den gegenwärtigen Moment und macht Schluss mit falschen Erwartungen und sinnloser Nostalgie. Ich musste meinen Blick von der Vergangenheit abwenden, von meiner verlorenen Position, von den leeren Privilegien. Was mich so schmerzte, war die Enttäuschung. Und was mich lähmte, war das Warten auf die Dankbarkeit einer Gesellschaft, von der ich nichts mehr zu erwarten hatte, die ich im Gegenteil zurückweisen musste, um, wie in einer zweiten Pubertät, zu mir selbst zu finden. Meine Einstellung änderte sich – Revolte war nun angesagt.

2) Eine »physische« Vision der Dinge haben. Die Stoiker empfehlen, andere Menschen, vor allem die feindlich gesinnten, mit den Augen eines Arztes zu betrachten, als eine Ansammlung von Organen und Knochen. Ich wandte diese Methode auf alle Personen an, die in meinem Manager- und Arbeitslosenleben herumspukten. Die Schweizer Haie und die internationalen Berater, die mich eliminiert hatten: ein kleiner akkurater Haufen Knochen. Desgleichen die leitende Angestellte der Agentur für Arbeit, die mich so abfällig behandelte. Der Verwaltungsfritze von der Uni, der meine Seminare auf dem Gewissen hatte, ebenso. Unternehmensberater, Headhunter, Vertreter von staatlichen Behörden, Ausbeuter jeder Art, vermeintliche Verbündete, falsche Freunde, all jene, die mich in meinem Dasein als Arbeitsloser verneinten, nicht aus banaler Gleichgültigkeit, sondern weil sie – angesichts der düsteren Lage auf dem Stellenmarkt – letztlich ein objektives Interesse daran hatten. Endlich konnte ich all diese Leute zusammenkehren, zermalmen, auflösen in ihre gemeinsame Wesenheit, und nach gewissenhafter Ausübung der stoischen Methode verwandelten sie sich einen heilsamen riesigen Knochenhaufen von einem unbefleckten Weiß.

3) An Höhe gewinnen. Auf diese Weise übte ich meine Vorstellungskraft. Ich startete im Pyjama von meinem Arbeitszimmer, erhob mich in die Lüfte wie Peter Pan, mein Haus war nur noch ein winziger Punkt, Montpellier, der Flughafen, die Strände ... Alles war plötzlich so weit weg, so klein, so lächerlich.

Ich sah die Welt durch das Objektiv eines Satelliten. Ikarus war lebendig, und er machte sich bereit für einen neuen Aufstieg. Diesmal nicht, um die Sonne zu berühren, sondern um über sich selbst und seine verhängnisvollen Obsessionen hinwegzukommen.

Diese Übungen, betrieben mit dem nötigen Nachdruck und Humor, machte ich zur Grundlage einer regelrechten Erziehung meines Bewusstseins. Ich war nicht mehr der Chef von irgendwas oder irgendwem, auch nicht mehr Mitglied eines wie auch immer gearteten Führungsgremiums. Doch ich nahm wieder einen Posten ein, von dem ich vor langer Zeit verdrängt worden war: mich selbst. Ich war der Stratege, der Pilot, der Generaldirektor dieses aufstrebenden Unternehmens Ich.

Ich ergänze diese Übungen durch die Meditation, die mir zweifellos am meisten geholfen hat. Die Stoiker betrachten sie als Gespräch mit sich selbst oder für sich selbst. Dieser schwierige und mühsame Dialog hat es mir erlaubt, das verwirrende Chaos meiner Gedanken zu ordnen und nach und nach meine Sicht auf die Welt und auf meine Lage zu verändern. Er kann auch eine schriftliche Form finden, das Werk von Mark Aurel zeigt es. Was einem römischen Kaiser hilfreich war, müsste einem einfachen PR-Chef doch allemal nützen.

Elfte Meditation

Über die Selbstachtung

Vor dem Hintergrund von Religionskrieg und verheerenden Epidemien plant Montaigne »gut zu sterben« und bereitet sich sein Leben lang mit einem entsprechenden Training darauf vor: Er führt sich den Tod vor Augen, er lenkt sich ab, er übt sich. Doch als im September 1592 sein letztes Stündchen geschlagen hat, scheinen all diese Mühen vergeblich. Aber wenn sich schon das Sterben nicht üben lässt, kann man von Montaigne doch wenigstens lernen, seine Selbstachtung wiederzufinden.

10. September 1592, Schloss Montaigne in der Nähe von Bergerac. Der Sommer neigt sich dem Ende zu, und auch der Schlossherr verlebt seine letzten Tage. Er hat sich in sein Schlafgemach in der ersten Etage des Turmes zurückgezogen, den er bewohnt. Die Krankheit, die ihn schon lange quält, nimmt ihn nun endgültig in die Zange. Montaigne leidet an Harngrieß, einer erblichen Erkrankung der Nieren. Schon seit fünfzehn Jahren wird er immer wieder von furchtbaren Koliken geschüttelt. Die *Essais* liefern bis ins kleinste Detail eine präzise Chronik dieser Leiden und den haargenauen Bericht über die Ausscheidung der Nierensteine, die Montaigne mit Reiten behandelt. Zwei Jahre zuvor hat er eine lange Reise zu Pferd durch die Thermalkurorte Europas unternommen, von einer Quelle zur nächsten auf der Suche nach Linderung seiner Schmerzen.

Obwohl er nicht einmal sechzig Jahre alt ist, haben seine Kräfte arg nachgelassen. Er richtet sich in seinem Zimmer eine Etage tiefer ein, letzter Kreis eines konzentrischen Daseins. Die Reise zum eigenen Ich nähert sich dem Ziel. Er hat nur noch drei Tage zu leben. Zu dem gewohnten Schmerz gesellt sich nun noch eine schwere Angina. Montaigne ist zum Schweigen verdammt. Die letzten Gespräche und sein letzter Wille erfolgen in schriftlicher Form. Drei Tage in Stille. Drei Tage in sich selbst, im Angesicht des Todes. Welche Gedanken begleiten Montaigne? Gehen ihm seine Schriften über den Tod durch den Sinn? Bringt die Erfahrung, die er nun macht, ihn näher an ihren wahren Kern? Findet er darin Unterstützung und Mut, um diese Prüfung zu meistern? Fragen ohne Antworten … Ein lebenslanges Schreiben hält an dieser Schwelle inne, und auch die Biographen bleiben stumm. Also lasse ich meinen Assoziationen freien Lauf. Ich stelle mir vor, wie Montaigne in den letzten Stunden seines Lebens an seine großen Lehren über den Tod anknüpft und der Reihe nach die drei Schritte vollzieht, die er in den *Essais* definierte.

Den ersten Schritt entwickelt er in Kapitel XX des ersten Buches der *Essais* mit der Überschrift: »Philosophieren heißt sterben lernen«, eine Formel, die er von dem Stoiker Cicero übernommen hat. Die Philosophie unterstützt dieses Lernen in zwei Punkten. Erstens: Verstanden als Reflexion, als Denkübung, befreit sie uns von der lästigen Präsenz des Körpers und gewöhnt uns an die Realität des Todes. Zweitens: Als Weisheit hilft sie uns, den Tod nicht zu fürchten.

Warum also sterben lernen? Zunächst einmal, weil der Tod selbst eine absolute Notwendigkeit ist, er ist »das Ziel unserer Laufbahn«. Und außerdem, weil es ihm die »Unheimlichkeit« raubt und uns an die unausweichliche Überraschung gewöhnt, die er bedeutet. So erinnert Montaigne an einen Brauch der Ägypter, die während eines Festessens eine Mumie aufstellten, um den Gästen ihre Sterblichkeit in Erinnerung zu rufen … Wer sich mit dem Tod vertraut macht, so Montaigne, der spielt wieder eine aktive Rolle, nimmt scheinbar wieder das Heft in die Hand: »Es ist ungewiss, wo der Tod auf uns wartet – erwarten wir ihn überall!« Oder auch: »Das Vorbedenken des Todes ist Vorbedenken der Freiheit.« So seine wichtigsten Mahnungen.

Anschließend stellt Montaigne seine Therapie der Angst dar. Absurd, sich davor zu fürchten, das Leben zu verlieren: »… denn warum sollten wir das Leben zu verlieren fürchten, also etwas, das wir, einmal verloren, gar nicht mehr beklagen können?« Was einem Geständnis der eigenen Unwissenheit gleichkommt, denn nur der Lebende kann sterblich sein: »Mit dem nimmermüden Werken eures Lebens wirkt ihr euren Tod. Solang ihr lebt, seid ihr im Tod.« Im Übrigen ist jeder Zeitpunkt der richtige, um zu sterben: »Niemand stirbt vor seiner Stunde …« Man stelle sich nur einmal vor, welche Marter es wäre, ewig zu leben: »Hättest du den Tod nicht, würdest du mich unablässig fluchend beschuldigen, ihn dir vorenthalten zu haben.«

Montaignes Belehrungen sind bisweilen von unglaublichem Humor. So betreibt er die Gewöhnung an den Tod, indem er verschiedene Arten zu sterben studiert, aufgezählt in einer Liste von unbeschreiblicher Komik. Jener König von Frankreich, der von einem Schwein umgerannt wurde; ein Kaiser, der sich beim Kämmen eine Kratzwunde zufügte; ein gewisser Aischylos, der dem Einsturz eines Hauses entgangen war, dann aber von einer Schildkröte erschlagen wurde, die einem Adler just über seinem Kopf aus den Krallen glitt; Papst Johannes XXII., der zwischen den Schenkeln einer Frau starb. Montaigne oder die fröhliche Wissenschaft vom Sterben.

Nach der Theorie des Vorbedenkens wird in Kapitel IV von Buch III die Theorie der Ablenkung auseinandergelegt. Worin besteht sie? Hier geht es keineswegs darum, zu zähmen, was uns ängstigt, sondern unsere Aufmerksamkeit davon abzuwenden und einem anderen Gegenstand zu widmen. Dieses zutiefst menschliche Verhaltensmuster ist im Umgang mit Kindern äußerst beliebt. Es gestattet uns, »die Gedanken von den unerfreulichen auf die erfreulichen zu lenken«. Eine leicht anwendbare Methode, die auf die Sprunghaftigkeit unserer Natur setzt: »Es braucht wenig, uns abzulenken und zu zerstreuen, denn es braucht wenig, uns festzuhalten.« Unbestritten.

Der vorletzte *Essai* (Buch III, Kapitel XII) geht so weit, die Theorie des Einübens wieder in Frage zu stellen: »Haltet Einkehr, und ihr werdet in euch alle Argumente der Natur gegen den Tod finden – wahrhafte, die euch in der Not am besten helfen können. Sie sind es, die einen Bauern, ja ganze Völker ebenso standhaft sterben lassen wie einen Philosophen. Würde ich denn weniger frohgemut sterben, wenn ich Ciceros *Gespräche in Tusculum* nicht gelesen hätte?« Die Lektüre von Cicero bringt keinen Gewinn. Sie fördert die Bildung, nicht den Mut. Im Augenblick des letzten Atemzugs sind die Werke von Plato oder Seneca nur schöne Geschichten, denn das Wissen um den Tod ist vollkommen nutzlos. Da folgt man schon besser der Natur: »Falls ihr nicht zu sterben versteht – keine Angst! Die Natur wird euch, wenn es so weit ist, schon genau sagen, was ihr zu tun habt.« Wenn das Wissen um den Tod sich erst mit dem Eintreten desselben einstellt, nützen uns alle Bücher und Bibliotheken nichts. Die fröhliche Wissenschaft macht sich über das Wissen lustig. Folgen wir lieber dem gesunden Menschenverstand und dem natürlichen Verhalten der Bauern: »Ich habe in meiner Nachbarschaft noch nie einen Bauern darüber nachgrübeln sehen, mit wie großer Fassung und Festigkeit er seine letzte Stunde durchstehen werde. Die Natur lehrt ihn, nicht eher ans Sterben zu denken, als wenn gestorben wird«, gesteht Montaigne. Und warum soll man sich schon vorher verrückt machen? Die Vorbereitung ist Anlass für Kummer, der schlimmer ist als der physische Schmerz in der Todesstunde.

Der Tod ist nicht mehr das Ziel, er ist nur das Ende des Lebens. Daher ist es umso wichtiger, von ganzem Herzen zu leben, statt sich um den Tod zu kümmern. Ihn zu erforschen ist unmöglich, ihn zu lernen vergeblich. Montaigne widerspricht sich selbst, und er schert sich nicht darum.

Dritte Strategie: Üben, praktische Schulung, wir würden sagen: Training. Selbstverständlich hat dieses Training seine natürlichen Grenzen. Der Tod ist eine Pistole mit nur einem Schuss. Sicher kann man sich gegen Schmerzen, Scham und Armut abhärten, »den

Tod hingegen erfahren wir nur einmal«. Ein Erlernen und Beherrschen ist undenkbar. Die persönliche Erfahrung des Todes ist ein Ding der Unmöglichkeit. Immer ist es ein Dritter, der geht. Der Tod in der dritten Person, wie es Jankélévitch ausdrückt. Fast überflüssig zu sagen, dass es von diesen Dritten in den *Essais* geradezu wimmelt. Im Laufe der Kapitel leiert Montaigne eine beachtliche Palette von Todesarten herunter, antike und zeitgenössische, tieftragische oder groteske, allesamt heruntergespult mit einem Wiederholungseffekt, der zum Schießen komisch ist. Im Gegenzug bot ihm sein eigenes Leben allzu oft Gelegenheit, den Tod in der zweiten Person kennenzulernen, den Tod, der nahestehende und geliebte Menschen mit sich fortreißt und uns gewiss am meisten berührt. Fünf der sechs Töchter, die seine Frau Françoise ihm schenkte, starben im zarten Kindesalter; der Verlust des Vaters, den er verehrte; der Tod von Étienne de La Boétie, dem befreundeten Humanisten und seinem Alter Ego, der mit dreiunddreißig Jahren von der Cholera dahingerafft wurde, von Montaigne bis zum letzten Herzschlag begleitet. Doch all diese Erfahrungen verlassen nie die Sphäre des anderen. Mein Tod ist und wird immer ohne Erfahrung sein. Er ist das Ereignis, welches mich am meisten bewegt und sich mir zugleich ständig entzieht, das mich zerstört und mir fremd bleibt.

Trotz dieser unüberwindbaren Grenze können wir »ihm doch näherkommen und ihn erkunden«. Und wie? Auf tausend erdenkliche Arten, und hier beginnt Montaigne wieder seitenlang aufzuzählen und zusammenzustellen. Durch den Schlaf, der dem

Tod so ähnelt. Durch die Krankheit, die ihn uns fürchten lehrt. Durch das Altern, das uns ganz natürlich zu ihm hinträgt. Oder auch durch die Ohnmacht, die uns eine Ahnung von ihm gibt. Montaigne liefert uns eine detaillierte Schilderung seiner Bewusstlosigkeit nach einem Sturz vom Pferd. Den Genuss, den er empfand in dieser Aufhebung des Bewusstseins, in diesem Schwarzen Loch des Geistes: »Ich ließ mich so angenehm dahingleiten, auf so sanfte und gelöste Weise, dass ich mir kaum ein weniger schmerzhaftes Geschehen vorzustellen vermag.« Eine Erfahrung von Glück. Angenehme Empfindungen. Und Illusionen. Denn dieses Erlebnis wird nur mit zeitlicher Verzögerung erfahrbar, wenn das Bewusstsein wieder zurückgekehrt ist »wie aus einer anderen Welt«. Eine Grenzerfahrung, oder besser: eine Erfahrung der Grenze. Eine Annäherung. »Ich weiß nun, dass man zur Einübung in den Tod tatsächlich nur seine nähere Bekanntschaft zu machen braucht.«

Vorbedenken, Ablenken, Üben: Ein halbes Jahrhundert später prangert Pascal Montaignes dreifache Strategie an. Schon die Absicht der *Essais* scheint ihm eine Idiotie: »Sein törichter Plan, sich selbst darzustellen.« Montaignes Anspruch, »gut zu sterben« weckt bei ihm lediglich eisige Verachtung: »Nun, in seinem ganzen Buch gedenkt er nur, feig und bequem zu sterben.« Und Pascal, das gequälte, vernachlässigte Genie, dessen Mutter stirbt, als er drei Jahre alt ist, hatte Pascal mehr Mut? »Man stirbt allein«, lautet sein berühmter tragischer Befund. Daher auch seine Wette, in der er auf Gott und das dem Christen versprochene ewige Leben setzt. Nach seinem Tod findet man, eingenäht in das Futter seines Rocks, ein Pergament. Darauf schildert Pascal eine Vision, die er nach einem Unfall mit der Kutsche hatte, bei dem er knapp dem Tod entging. Die letzten Worte: »Vollkommene und liebevolle Entsagung.« Ein Losungswort für das Jenseits, das Pascal acht Jahre bei sich, ja an sich trug.

Montaigne variiert oft von einem Kapitel zum nächsten. Ist das Inkohärenz? Inkonsequenz? Eher in Kauf genommene Unbeständigkeit. »Was meine eigenen Schriften angeht, so finde ich meinen ursprünglichen Gedanken nicht wieder. Ich weiß nicht mehr, was ich sagen wollte, und oft möchte ich korrigieren und eine neue Bedeutung hinzufügen, wenn die ursprüngliche, viel interessantere mir abhanden gekommen ist.« Der Leser ist also gewarnt. Man muss von einer Seite zur nächsten gleiten, springen, tanzen … Der Tod entzieht sich dem Gedanken, der ihn umzingeln möchte. Das Leben ist die Kraft der Zerstreuung. Und der Gedanke an den Tod ist für Montaigne nur der Austragungsort eines Spiels, das für den wahrhaft Lebendigen stets neu beginnt. »Ich also liebe das Leben.«

Montaigne kann immer noch nicht sprechen. Auf einem der letzten Zettel, die er seiner Frau reicht, bittet er sie, in seinem Zimmer eine Messe lesen zu lassen, in Anwesenheit der Edelleute aus der Nachbarschaft. Und was kam dann? Die Montaigne-Biographen Pierre de Brach und Étienne Pasquier haben zwei unterschiedliche Versionen. Der Erste versichert, Montaigne sei im Einklang mit seinen philosophischen Übungen verstorben. Der Zweite beschreibt einen durch und durch christlichen Tod. Das Problem ist, dass keiner von beiden die letzten Augenblicke miterlebt hat. Montaigne entschläft in Stille in seinem Périgord, in seinem Schloss, in seinem Zimmer, umgeben von Angehörigen und Freunden. Wir wollen ihm ein letztes Mal glauben, wenn er sagt: »Wenn ich die Wahl hätte, lieber zu Pferd als in einem Bett, und nicht zu Hause, sondern fern von den Meinen …«

Ein Profi sein. Ein kompetenter, fähiger Typ, der von seiner Umgebung respektiert wird. Danach sehnte ich mich lange Zeit, und das habe ich dann auch erreicht, sowohl in der Welt der Presse als auch in der PR-Branche. Wenn Kritik laut wurde, bezog sie sich meist auf mein launisches, aufbrausendes Wesen und meinen eisernen Pragmatismus, doch selten auf die Qualität meiner Arbeit. Ich hatte den Ruf eines anspruchsvollen und geradlinigen Arbeitstiers. Mir scheint also, ich genoss in einem Milieu, in dem Image, Bekanntheit und vor allem der Respekt anderer zählen, die Wertschätzung oder wenigstens die Anerkennung meiner Kollegen.

Dieses Kapital löste sich innerhalb weniger Monate in nichts auf. Ich hatte nicht mehr die Möglichkeit, es zu mehren oder es auch nur zu wahrzunehmen. Ich war nichts mehr wert, k. o. und ausgeknockt. Entgegen allem Anschein führt Arbeitslosigkeit die Klassifizierung des Humankapitals, die im Berufsleben ganz öffentlich stattfindet, heimlich fort. Ich war zu einer Art »faulem Kredit« geworden, wie man im Börsenjargon sagt, wobei diese sich bei gewissen

Strategien immer noch als rentabel erweisen können. Als Arbeitsloser war ich meinen eigenen Spekulationen überlassen. Was in der Berufswelt am rechten Ort und im Kollektiv geschah, kehrte ich nun gegen mich selbst und beschleunigte so ganz allein meinen eigenen Wertverfall. Ich begann mich für das zu hassen, was ich geworden war. Auch das ist Arbeitslosigkeit – sich gleich doppelt überflüssig zu fühlen, gegenüber der Außenwelt und in seinem eigenen Innern.

Und es ist keine Kleinigkeit, wenn der Zähler der Anerkennung auf null steht. In dieser großen Rückwärtsbewegung wird eine ganze Laufbahn niedergemacht und zerstört. Was hatte ich eigentlich erreicht in dieser ganzen Zeit? Und jetzt, wo alles, was ich so geduldig aufgebaut hatte, zusammengestürzt war, was sollte ich meinen Kindern sagen? »Seid fleißig, irgendwas werdet ihr immer davon haben«? Was konnte ich meinen Freunden sagen, meinem Vater oder irgendeinem Hund, der mir auf der Straße begegnete? Und mir selbst, was sollte ich mir selbst sagen? War ich überhaupt noch glaubwürdig? Mir blieb nur noch das Schweigen.

Der Prozess der Selbstabwertung zerstörte am Ende das Fundament des Gebäudes, an dem ich fast ein Leben lang gearbeitet hatte. Ich hatte nie nach Reichtum oder Macht gestrebt. Ich hatte eine Gehaltsstufe erreicht, die in Ordnung war, mehr aber auch nicht. Ich hatte nur kleine Teams geleitet. Die PR-Leitung agiert im näheren Umkreis der Entscheidungsträger, wird also überbewertet. Denn man muss ihren Glanz relativieren: Sie bewegt sich unablässig wie ein Jojo zwischen den existenziellsten Dokumenten und den banalsten Aufgaben, zwischen Fotokopierer und Unternehmensstrategie. Ich liebe diese Zwischenstellung, sie bietet die beste Perspektive auf die Menschen, da sie eine Verbindung zwischen ihnen herstellt. All dies passte zu mir, entsprach meinem Wesen und meinen Erwartungen.

Ich gehörte einer aufmüpfigen Generation an, die sich erst spät in die Gesellschaft eingliederte. Einer meiner eingefleischten Marxistenfreunde fasste das Credo dieser Epoche so zusammen: »Ich werde nie mit dem System zusammenarbeiten.« Ich glaube, er ist heute Redakteur bei einem großen Privatsender ... In Anbetracht meiner ideologischen Herkunft passte mir die Vermittlerposition als PR-Chef wunderbar. Ich hing sogar an ihr, weil sie sich kohärent und harmonisch aus meiner Laufbahn heraus entwickelt hatte. Musste ich nun mein Aufbauwerk hinter mir lassen und mich mit den Trümmern begnügen, die von ihm geblieben waren? Musste ich mir rückblickend eingestehen, dass meine Arbeit nutzlos gewesen war?

Mit der Zeit nagte der Prozess der Abwertung selbst an meinen Grundfesten. Denn diese jäh unterbrochene Laufbahn hatte ihren Ausgangspunkt schon in der Kindheit. In der Schule arbeitete ich fleißig, weil ich beweisen wollte, dass die »dreckigen Spaghettifresser« oder die »Makkaronis« – damals gab es noch nicht viele Einwanderer aus dem Maghreb – genauso fähig waren wie alle anderen. Ich arbeitete, um aus meinem Milieu herauszukommen, ich arbeitete, um meine Ängste zu überwinden. Und ich arbeitete, weil eine gut gemachte Arbeit ein Selbstzweck an sich ist … Sollte diese lange Suche vergeblich gewesen sein? Musste ich all die Werte, die sie in sich barg, auf den Müllhaufen werfen wie gammelige Möhren?

Diese Fragen quälten mich lange. Durch die philosophische Therapie gelang es mir, sie neu und weniger schmerzhaft zu formulieren. Genauer gesagt hat die Lektüre von Montaigne meinem Arzt-Patienten-Verhältnis zu mir selbst eine Prise Humor beschert.

Wie sollte ich Freundschaft mit mir schließen? All mein Nachdenken und meine Assoziationen führten mich unvermeidlich zu Episoden in meiner Kindheit. Eine bestimmte Szene zog meine Aufmerksamkeit in besonderem Maße auf sich. Ich stand auf einem Kai in Sète, ich war höchstens acht. Zu jener Zeit lernte ich gerade schwimmen, konnte es aber noch nicht richtig. Ich hatte mich einer Gruppe von älteren Kindern in Badesachen angenähert. Ich tänzelte nervös am Ufer herum, vom Wasser angezogen und zugleich abgeschreckt. Irgendwer schubste mich hinein. Eine Sekunde lang ging mir alles Mögliche kreuz und quer durch den Kopf: die Schiffschrauben der Frachter, die mich zerfetzen würden, die alte Frau, die ertrunken war und die eines Tages vor meinen Augen von Feuerwehrmännern aus dem Wasser gezogen wurde, die kolossalen und sicher ersponnenen Kraken, die einen meiner Onkel einst in die Tiefe gezogen hatten, und zwar mehrmals – kurzum: alle tatsächlichen und imaginären Gefahren des Kanals überfluteten mich ebenso wie sein grünes, ölig schimmerndes Wasser. Als ich wieder an die Oberfläche kam, war die Stelle, an der ich hineingeschubst worden war, schon in weiter Ferne. Ich musste mich nicht nur über Wasser halten, sondern auch noch gegen die kräftige Strömung ankämpfen. So lernte ich in wenigen Sekunden das Kraulen … Als ich endlich wieder auf dem Kai stand, heulte und lachte ich. Mein Körper war ganz zerschnitten von den Schalen der Miesmuscheln. Aber ich konnte schwimmen.

Alles, was ich bis zu diesem Zeitpunkt unternommen hatte, tat ich mit diesem Kind in mir, mit seinen Sehnsüchten, Kämpfen, Ängsten und Erwartungen. Es waren sein Empfinden, sein Wille, seine Erlebnisse in einem bestimmten Milieu, die mir die Richtung gaben. In ihm wurden meine persönlichen Werte geprägt. Zweifellos musste ich mich wegen meiner Arbeitslosigkeit verändern, aber mein widriges Schicksal konnte all das nicht einfach wertlos machen. Wirkliche Selbstachtung war kein Extra, das ich mir geben konnte, indem ich mich anders behandelte. Dieses Gefühl wiederzufinden, war nicht mit Motivationstraining oder Autosuggestion zu schaffen. Den Ursprung meiner Selbstachtung fand ich in diesem Kind, das die Antriebskraft meines Lebens blieb, und in der Treue, die ich ihm schuldete. Ich begab mich wieder auf die Suche nach dem Kind in mir, das auf einem Kai in Sète auf mich wartete. Ich werde es nicht allein lassen.

Zwölfte Meditation

Über die Entbergung

Heidegger, eine der bedeutendsten Figuren der Philosophie des 20. Jahrhunderts, starb zweimal. Das erste Mal im Jahre 1976, in der friedvollen ländlichen Umgebung seines Geburtsortes. Und das zweite Mal einige Jahre später auf der Bühne der Philosophiegeschichte – zu groß war seine Nähe zum Naziregime, die er zudem nie eingestand. Wir lernen von ihm, dass Wahrheit die Entbergung dessen ist, was zuvor verborgen war. Auf uns selbst angewandt ist diese Entbergung eine Wohltat.

Meßkirch, 26. Mai 1976. Martin Heidegger schläft noch im Haus der Familie, in der Geborgenheit seines kleinen schwäbischen Geburtsorts Meßkirch, einem kleinen Marktflecken im Schwabenland. Sein ganzes Leben lang hat sich der »Denker des Seins«, wie er sich selbst bezeichnet, nie sehr weit von hier entfernt. Freiburg war der Schauplatz seiner Vorlesungen und seiner unverzeihlichen Zugeständnisse an die Nazis, in der Hütte bei Todtnauberg fand er ein Refugium für seine einsamen Meditationen, in Marburg hatte er seine heimliche Affäre mit der Philosophin Hannah Arendt – die wichtigen Orte in Heideggers Leben sind allesamt nicht sonderlich weit entfernt.

An jenem Morgen des 26. Mai 1976 bedeckt noch der Schleier des Schlafs Heideggers Denken, das ungeheuer produktiv und eine Quelle unermüdlichen Fragens war. Was ist das Sein? Was ist Metaphysik? Was heißt »denken«? Was ist das Wesen der Technik oder auch des Kunstwerks? In dieser hier nur angedeuteten Serie heideggerscher Fragestellungen bleibt die erste die wichtigste. Ausgehend von ihr ergeben und gliedern sich alle anderen. Was ist das Sein? Nach

Heideggers Auffassung wurde diese Frage, die schon die ersten Denker im antiken Griechenland stellten, durch Aristoteles aus der Philosophie verdrängt. Nach ihm hat die Philosophie ihr Interesse auf die Bestimmung der Naturgesetze und der Funktionsweisen des Geistes gerichtet. Sie wandte sich von ihrer ursprünglichen Bestimmung ab und suchte die Nähe von Wissenschaft und Technik. Diese aber lassen das Sein außer Acht und konzentrieren sich darauf, die Realität, den Bereich des Seienden, zu erforschen und zu verändern. Die Frage nach dem Sein, ohne das dieses Seiende nicht existieren würde, gerät dabei in Vergessenheit, was besonders dann unzulässig ist, sobald es um den Menschen geht. Denn die Art und Weise, wie die Wissenschaft, aber auch Systeme der Beherrschung wie Religion, Technik oder Macht, sich dem Menschen nähern, reduziert den Menschen auf einen Gegenstand, ein Seiendes unter anderen. Der Mensch ist aber alles andere als ein Seiendes wie alle anderen, er ist das einzige Seiende, das über ein Bewusstsein dieses Seins verfügt und über eine Sprache, um darüber zu sprechen. Selbst wenn es ihm nicht gegeben ist, die Wirklichkeit und den Sinn des Seins ganz zu erfassen, ist der Mensch doch in der Lage, das Sein aufzunehmen und ein Verhältnis zu ihm aufzubauen; er ist der »Hirte des Seins«, um die berühmte Formel zu verwenden. Zweifellos möchte Heidegger das, was er ein doppeltes Vergessen nennt, aufheben: das Vergessen der Frage nach dem Sein und das Vergessen dieses Vergessens. Es ist also nicht verwunderlich, dass sein Denken an die Ursprünge der Philosophie anknüpft, als diese sich noch nicht als ein System der Produktion von Wahrheiten verstand, sondern im Gegenteil als ein unablässiges Fragen. Auch in der Form folgt Heideggers Methode diesem beunruhigenden Fragen. Mit etymologischem Grabungsgerät steigt er hinab in die Abgründe der Sprache, meist der griechischen. Ein Sondieren, ein vertikaler Schnitt, eine Bohrung, ein Abstieg in die Minen des Ursprungs.

Im Jahr 1927 erscheint *Sein und Zeit*, das Hauptwerk, mit dem die große Seinsfrage einsetzt. Heidegger stellt sie ausgehend vom Begriff der Existenz. Im Unterschied zu den anderen Seienden, so Heidegger, hat der Mensch ein besonderes Verhältnis zum eigenen Sein. Diese Beziehung, diese ständige Bewegung aus sich heraus ist die Existenz. Mein Sein ist keine unbewegliche und in seiner Masse erstarrte Realität. Ich denke, ich handle, ich gehe auf die anderen zu, ich bewege mich durch Zeit und Raum. Ich bin ein »geworfenes Sein«. Diese menschliche Realität, die sich dem Existieren nicht entziehen kann, die »zu sein hat«, bezeichnet Heidegger als »Dasein«. Aber Existieren heißt für den Menschen auch, um seine Existenz zu wissen und folglich immer mit sich selbst, mit seinem eigenen Sein zu tun zu haben. Und da diese Situation ihr eigenes Ende, den Tod, in sich trägt, wird die menschliche Realität paradox. Die Existenz ist zugleich Eröffnung und Verschließung, Schauplatz des Möglichen und Endlichkeit. Diese Realität vollzieht sich in der Erfahrung der Zeit. Die Zeitlichkeit ist also der Sinn des Seins.

Heidegger ist noch nicht aufgewacht an diesem

26. Mai 1976. Wird er in seinem tiefen Schlaf von Gespenstern heimgesucht? Plagen ihn Gewissensbisse, empfindet er in den letzten Minuten der Nacht Reue? Der Eintritt in die Partei. Das Hakenkreuz am Revers. Der Hitlergruß zu Beginn seiner Vorlesung. Die niederträchtigen Machenschaften. Die Faszination für Hitler: »Sehen Sie nur seine wunderbaren Hände an!« Der Antisemitismus seiner Frau Elfriede. Dann 1933 in Freiburg der vorsichtige Rückzug. Heideggers Entnazifizierungsverfahren im März 1949 mit dem glimpflichen Urteil: »Mitläufer. Keine Sühnemaßnahmen.« Natürlich ist all das in diesem Moment weit weg, längst lehrt er wieder und hat auch seine internationale Ausstrahlung wiedergewonnen. In Frankreich sind Philosophen und Dichter der *Résistance* ihm zu Hilfe geeilt und haben ihre Solidarität zum Ausdruck gebracht. Ist nicht sogar Hannah Arendt, die dem Holocaust entkommene Ex-Studentin und Geliebte, eines Tages wieder zu ihm gekommen?

Aus den Tiefen des Schlafes streckt der Tod seine schwarzen Arme aus. Aber was soll's? Seit den brillanten Analysen in *Sein und Zeit* ist der Tod für den Denker des Seins kein Mysterium mehr. Heidegger nähert sich dieser Frage von der Existenz her, er stiftet eine Beziehung zwischen Sein und Zeit. Der Mensch ist ein Wesen der Sorge. Die Angst, die die menschliche Wirklichkeit bestimmt, ist nicht die Furcht vor diesem oder jenem, sie bezeichnet den Umstand, dass ich immer besorgt bin, dass meine Existenz immer mit etwas konfrontiert ist, angefangen bei ihr selbst. Doch Existieren heißt auch der

Existenz vorausgehen, geworfen sein und zugleich entwerfen. Sich-vorweg-sein. Vorlaufen. Wissen, dass man sterben wird.

Für Heidegger hat der Mensch nicht Angst, weil er um seinen Tod weiß, sondern umgekehrt: Weil er ein Wesen der Sorge ist, kann er um seine Zukunft und um seinen zukünftigen Tod wissen. Daher findet der Mensch im Gedanken an den Tod die Offenbarung seines Schicksals, seiner Endlichkeit und seiner Freiheit. Sie gibt ihm eine erste Gewissheit: Er ist ein »Sein zum Ende« oder auch ein »Sein zum Tode«. Das menschliche Schicksal ist das Sterben. Der Tod als äußerste Möglichkeit ist das Geschick des Menschen. Eine Perspektive, aber auch Bedingung. Der Ausgang ist in der Tat vorherbestimmt in dem Moment, in dem das Leben beginnt: »Sobald ein Mensch zum Leben kommt, sogleich ist er alt genug zu sterben.« In Heideggers Sprache klingt das so: »Das Dasein kann nur deshalb von Schicksalsschlägen getroffen werden, weil es im Grunde seines Seins … Schicksal *ist*.«

Zweite Gewissheit: Der Mensch ist ein endliches Wesen. Der Tod ist das Ende, der Abschluss, der Grenzstein der Zeit, der äußerste Punkt, hinter dem der Fahrschein der Existenz seine Gültigkeit verliert. Doch die Endlichkeit, die sich offenbart, geht tiefer. Der Gedanke an den Tod offenbart nicht nur die bedauerliche Banalität, dass unser Leben – um es mit Montaigne zu sagen – ein »Ende« hat. Was soll es den Einzelnen schon kümmern, dass es ein Ende hat, denn er ist ja nicht sicher, es zu erleben, zumal dieses Ende ja immer nur anderen widerfährt. »Das mit dem

Tod gemeinte Enden bedeutet kein Zu-Ende-sein des Daseins, sondern ein *Sein zum Ende* dieses Seienden.« Die Endlichkeit ist eingeschrieben in die Existenz, sie ist ein Teil von ihr, und nicht umgekehrt. Der Tod ist weder auf eine biologische Unabwendbarkeit reduzierbar noch auf ein äußerliches Ereignis, das über das menschliche Leben hereinbricht. Er bedeutet für mich mehr als mein bloßes faktisches Ableben, meine Existenz trägt ihn seit jeher in sich. Der Moment meines realen Todes fügt dieser Situation nichts hinzu, noch nimmt er ihr etwas.

Dritte Gewissheit: die Freiheit. Den Tod denken zu können bedeutet für das Dasein, sich unmittelbar mit sich selbst zu konfrontieren, sich seiner eigenen Wahrheit zu stellen. Der Gedanke an den Tod »bringt es vor die Möglichkeit, … es selbst zu sein, selbst aber in der leidenschaftlichen, von den Illusionen des Man gelösten, faktischen, ihrer Selbst gewissen und sich ängstigenden Freiheit zum Tode.« Heideggers »Man« ist der Nullpunkt des Daseins, das bloße Dahinplätschern des Sein-Könnens, vergleichbar mit den beispiellosen Aufwallungen der Existenz, wie Jean-Paul Sartre sie in *Der Ekel* beschreibt. Im Gedanken an den Tod eröffnet sich der Existenz etwas anderes als das Schauspiel oder das Erlebnis des Todes. Der Gedanke an den Tod bewirkt zunächst Klarheit, Eigentlichkeit, Entschlossenheit. Er ermutigt dazu, den Entwurf selbst in die Hand zu nehmen und die Freiheit zu realisieren. Er bildet das Fundament einer Ethik.

Nur das Fundament … weiter geht Heidegger nicht. Nach dem Zweiten Weltkrieg und dem Holocaust steckt er sich ein philosophisches Ziel, das klarer und erreichbarer ist: die Gelassenheit. Wie erreicht man sie? Das Denken, die Meditation und die Betrachtung sind die Königswege, um auf das Sein zu hören. Ein anderer Weg: die Heimat. »Es genügt, wenn wir beim Naheliegenden verweilen und uns auf das Nächstliegende besinnen: auf das, was uns, jeden Einzelnen hier und jetzt, angeht; hier: auf diesem Fleck Heimaterde, jetzt: in der gegenwärtigen Weltstunde«, sagt er in einer Rede mit dem Titel »Gelassenheit«.

Heidegger hat die Verbundenheit zu seinem Geburtsort so oft bekundet, dass dieser ihm schließlich die Ehrenbürgerschaft verlieh. An jenem Tag gestand er, es sei die schönste Ehrung, die er in seinem ganzen Leben je erhalten habe. Nach all den denkwürdigen Zeilen über seine Wurzeln und den Klang der sieben Kirchenglocken gelten seine letzten Worte, die er zwei Tage vor seinem Tod schreibt, ebenfalls Meßkirch.

An jenem 26. Mai 1976 konnte die letzte Stunde ebenso wie die erste nur in Meßkirch schlagen. Der Denker des Seins öffnet die Augen, betrachtet einen Moment lang das Licht der Welt und schläft für immer ein. Ein absolut friedlicher Tod, ohne unnötige Krämpfe oder Schmerzen. Nur ein Lidschlag zwischen dem Schlaf und dem Nichts.

Heidegger ist eingeschlafen. Mein Freund Jacques leidet unter Schlaflosigkeit – oder würde es zumindest, wie er sagt. Jedenfalls erzählt er sich vor dem Einschlafen Geschichten. Endlose, eintönige Geschichten, die er bis ins kleinste Detail ausschmücken muss, sonst will der Schlaf nicht kommen, und da er ein Perfektionist … Diese »Einschlafgeschichten« markieren einen Schwebemoment zwischen Wachen und Schlafen, zwischen dem bewussten und dem organischen Leben. Jacques ist der Erforscher dieses Grenzbereichs. Dort begegnen ihm Phantasietiere, etwa ein singender Gecko, ein weißer Stier oder auch ein Kanarienvogel, der petzt. Ein seltsames Universum entfaltet sich in diesem inneren Theater: Ein Orchester spielt ununterbrochen eine Partitur aus zwei Noten, die Waldwege enden an einer Mauer, wo er sich einen homerischen Kampf gegen Tod liefert. Jacques konnte sich seinen kindlichen Blick bewahren. Einen Teil von diesem Blick stellt er mir zur Verfügung, wenn er meine philosophischen Meditationen liest.

In einer Gruppe von Menschen zu leben bedeutet, wahrgenommen zu werden. In einem Unternehmen entgeht nichts dem Blick der Angestellten, schon gar nicht, wenn es um die Führungskräfte geht. Wie die Direktoren gekleidet sind, wie sie den Tag beginnen, ob sie nach der Vorstandssitzung gut gelaunt sind, ob sie bei irgendeinem Anlass abwesend sind oder nicht, ob ihre Worte mit ihren Taten übereinstimmen, ob sie an den Fingernägeln kauen, und vor allem, in welcher physischen Distanz zum Vorstandsvorsitzenden sie agieren. Übrigens bezeichnete der Ausdruck »Hierarchie« ursprünglich die Ordnung der Engel im Himmel … Die kollektive Wahrnehmung funktioniert wie ein optisches Gerät, das nur ein einziges Motiv mit ganzer Energie ins Visier nimmt: die Spitze der Organisation.

Als ich neulich zum Joggen im Zoo war, blieb ich einen Moment vor dem Affenkäfig stehen. Ich beobachtete, dass die einzelnen Mitglieder des Stammes, egal ob Männchen oder Weibchen, erst aktiv werden können – sich fortbewegen, sich eine Erdnuss geben lassen oder ein anderes dringendes Bedürfnis stillen –, wenn sie dem dominanten Männchen zuvor einen Blick zugeworfen haben. Auf dieselbe Art funktioniert es in Unternehmen und anderen Gemeinschaften. Die Aufmerksamkeit der gesamten Gruppe richtet sich unermüdlich auf den Boss.

Da Kommunikation ein Machtfaktor ist, kann der PR-Chef nur im Lichtkegel des Vorgesetzten existieren. Auch ich wurde in diesem Fokus wahrgenommen. Man interessierte sich sogar für meinen Krawattenknoten – als letztes Zeichen des Widerstands habe ich nie richtig gelernt, ihn zu binden –, meinen Kuli, meine Schuhe, meinen Platz in der Sitzordnung … und umgekehrt entging auch mir aus meiner überragenden Position nichts. Ich wurde gesehen, und ich sah alles.

Als Arbeitsloser sehe ich überhaupt nichts mehr. Weder rings um mich herum noch in meinem Innern. Wenn ich mich in meinem Arbeitszimmer unten im Keller einsam in meine Meditationen versenke, werde ich unsichtbar. Die Blicke haben sich abgewandt. Wer weiß noch von meiner Existenz? Manchmal zweifle ich schon selber dran. Ich bin zurückgedrängt in eine Schattenzone, eine ontologische Dunkelkammer. Ich habe Ruhm, Glanz, Präsenz eingebüßt. Ich habe einmal gelesen, dass in Südafrika zur Zeit des Apartheidregimes weiße Autofahrer, die einen schwarzen Fußgänger überfahren hatten, spontan erklärten, sie hätten diesen nicht gesehen. Man nennt diesen geistigen Vorgang des Ableugnens Skotomisation (vom griechischen *skotoma*, »Schatten«). Auch ich war nur noch ein Schatten.

Man muss nicht in die Vergangenheit oder ans andere Ende der Welt gehen, ein Schritt hinaus in unsere Städte reicht aus. Die Menschen, die wir ausschließen, sehen wir nicht, wollen wir nicht sehen, betrachten wir nicht. Ein Arbeitsloser teilt noch nicht das finstere Schicksal des Obdachlosen, doch er bewegt sich schon im Halbschatten. In einer menschlichen Welt ist es schwierig, ohne den Blick der anderen zu bestehen. Der Ausschluss – das bezeugt die Geschichte der Kirche und der politischen Parteien – kommt für den Betroffenen einer Tötung gleich. Ethnologen haben eine Vielzahl plötzlicher Todesfälle von ansonsten kräftigen und widerstandsfähigen Menschen dokumentiert, die kurz zuvor aus der Gemeinschaft verbannt wurden. Der Ausgeschlossene hat keinen *Lebensinhalt* mehr. Diese bittere Wahrheit zeigt sich auch in der Erfahrung der Arbeitslosigkeit. Ich bin *out*, deshalb fühle ich mich wie ein Sterbender. Ein exkommunizierter Kommunikator: Was für ein absurdes Elend!

Mag sein. Aber meine philosophische Heilung schreitet voran. Ich bin mir der Nebenwirkungen durchaus bewusst. Ich wollte mich bei den Philosophen trösten, zur Ruhe kommen, genesen. Ich wollte leben. Mein eigentliches Vorhaben bekam eine überraschende und unkontrollierbare Wendung.

Mit meinen Meditationen greife ich zurück auf

meine ursprüngliche Tätigkeit. Und zur selben Zeit finde ich wieder zu mir selbst. Ich hatte immer schon viel geschrieben, doch die Inhalte waren nicht die meinen; ich brachte die Gedanken anderer zum Ausdruck, markierte das Feld ihres Handelns, beschrieb Fakten oder Situationen. Jetzt habe ich eine ganz neue Art zu schreiben, befreit, angetrieben von einer Bewegung hin zur Bejahung meiner selbst, und in dieser Bewegung offenbart sich meine eigene Wahrheit.

Heidegger versteht die Wahrheit im griechischen, in seinen Augen ursprünglichen Sinn. Er bestimmt sie als *alétheia*, wörtlich »Nicht-Vergessen«, »Unverborgenheit«. Die Wahrheit ist eine Folge der Tätigkeit unserer Rede und unserer Vernunft, eine Entbergung von zuvor Verborgenem, sie offenbart, sie bringt ans Licht. Wenn sie sich einstellt, entdeckt der Mensch die Welt, begreift sich selbst als Entdecker seiner selbst und der Welt. Heidegger nennt das »Erschlossenheit«: »Erschlossenheit wird durch Befindlichkeit, Verstehen und Rede konstituiert.«

Zu Beginn schrieb ich, ich sei halbtot und wolle leben. Das war die erste Wahrnehmung meiner Situation. Das Nachdenken über meine Arbeitslosigkeit ermöglicht mir, das, was mich leiden ließ und krank machte, einzukreisen und zu beseitigen. Meine Therapie erlaubt es mir, sowohl die objektive als auch die subjektive Seite zu sehen. Sie zeigt mir, dass meine Überzeugungen im Grunde nichts als geistige Konstrukte waren, dass mein Empfinden nicht der Wirklichkeit entspricht.

Aber nachdem ich mit meinen beruflichen Illusionen und Leidenschaften sowie mit der Entfremdung von meinem Berufsleben abgerechnet habe, tritt noch eine ganz andere Wahrheit ans Tageslicht: Ich bin nicht unsterblich. Diese Wahrheit verbarg sich unter dem Schleier einer ganz und gar der Arbeit gewidmeten und somit sich selbst vergessenden Existenz. So haben mir meine philosophischen Meditationen auch für den eigentlichen Kern dieser Prüfung die Augen geöffnet, nämlich für meine Existenz schlechthin, dieses flüchtige, zerbrechliche Leben. Durch den Verlust meiner an den Beruf geknüpften sozialen Identität fand ich mich nackt wieder. Hat man diesen Mechanismus, die Falle der Anerkennung von außen, erst einmal durchschaut, tritt eine andere Gewissheit zutage: die meiner Freiheit. Zwischen Tätigkeit und Arbeitslosigkeit öffnet sich ein dritter Weg, und zwar der Weg der Aufgeschlossenheit für sich selbst, des Handelns und des Risikos.

Fühlen, verstehen und ausdrücken. Nach Monaten der Lähmung habe ich wieder zum Stift und zur Tastatur gegriffen. Ich schreibe, ich erzähle. »Ich bin, was ich mir erzähle«, erklärt Paul Ricœur. Man kann den Satz auch umdrehen: Ich erzähle mich, also bin ich. Um zu existieren, erzähle ich mich. Erzähler ist besser als Arbeitsloser. Auch in der Fiktion, in ihrer Erzählung, offenbart sich die Wahrheit: Ich bin nur ein Funke von Leben, nur ein ontologischer Embryo, aber ich bin noch am Leben, um es aufzuschreiben.

Letzte Meditation

Über die richtige Diagnose

Fünf Jahre vor der Französischen Revolution, deren ideologischer Wegbereiter er war, verstirbt Denis Diderot, treibende Kraft der Enzyklopädie und Schöpfer eines beeindruckenden Gesamtwerks, in den Armen seiner treuen Gemahlin und seiner geliebten Tochter, ein Tod, den der Philosoph der Aufklärung mit erstaunlicher Klarheit betrachtet. Diese wiedergefundene Klarheit ist eins der ersten Anzeichen für die philosophische Heilung.

Skepsis: Damit beginnt für Diderot jedes Philosophieren. Man darf nicht Wünsche – die eigenen und die der anderen – mit der Realität verwechseln, sich nicht ein X für ein U vormachen, nicht Fiktion für Wahrheit halten, sich vor jeder Form des Glaubens hüten, und vor allem nicht meinen, ein erster Schritt im Sinne der Skepsis befreie uns von allen weiteren.

Als der rastlose Denis Diderot sich am 30. Juli 1784 in Paris mit seiner Tochter Angélique unterhält, schwinden ihm plötzlich die Sinne. Seine Rede gerät ins Stocken, er muss von vorne beginnen. Und macht wieder einen Fehler. Der Philosoph hat ausreichend medizinische Kenntnisse, um zu wissen, was da in seinem Gehirn passiert ist. Er steht auf und tritt vor den Spiegel. Der Anblick seines verzerrten Mundes bestätigt seine Vermutung. Er zeigt Angélique das schiefe Grinsen, reicht ihr eine kalte Hand und stellt seine Diagnose: Schlaganfall …

Diderot hat fast die Siebzig erreicht. Er ist erschöpft von der enormen Anstrengung der *Enzyklopädie*. Von seinen anderen Werken, seinen Kämpfen, Liebschaften, Entgleisungen, Exzessen. Er ist satt, er hat genug vom Leben, doch auf ganz andere Weise als Seneca, dem er eines seiner letzten großen Werke gewidmet hat. In seiner letzten Stunde nippte der Stoiker am Leben wie an einem bitteren, unbekömmlichen Wein. Nichts dergleichen bei Diderot: »Ich hatte gedacht, die Fasern des Herzens würden mit dem Alter abstumpfen. Keineswegs. Ich bin nicht sicher, ob meine Empfindsamkeit nicht gar gestiegen ist. Alles bewegt mich, alles rührt mich …« Hypersensibel bis zum Ende. Diderot oder der exzessive Lebenstrieb. Leben auf der Überholspur.

Seinen ersten Impuls erhält diese Triebkraft am 5. Oktober 1713 in Langres, in der Champagne, im Schoße einer Familie von Handwerkern. Diderots Vater ist Messerschmiedemeister, er hat sich auf chirurgische Geräte spezialisiert. Die Familie ist katholisch bis in die Haarspitzen. Der Bruder wird Priester werden, die Schwester ins Kloster gehen. Auch der kleine Diderot kann sich diesem Einfluss nicht entziehen. Mit dreizehn sieht man ihn mit Soutane und Tonsur. Noch grün hinter den Ohren übt sich der kleine Geistliche schon in Askese. Als er später auf diese Jahre der Frömmelei und der Tugendhaftigkeit zu sprechen kommt, erklärt Diderot, er habe wohl den sexuellen Instinkt mit der Stimme Gottes verwechselt … Die in Langres bei den Jesuiten begonnene Erziehung endet 1728 in Paris mit dem Abitur. Hiermit beendet Diderot seinen religiösen Werdegang, um eine etwa zehn Jahre währende Expedition in die Pariser Unterwelt anzutreten: zwischen Bordellen und Kirchen, Mansarden und Gelegenheitsjobs. Er erteilt Unterricht in Mathematik, verfasst die Predigten der Pfarrer, geht einem Verwalter zur Hand, übernimmt verschiedene Tätigkeiten für einen Buchhändler. Nebenbei verfolgt Denis der Unersättliche, der »Pantophile« (»der alles liebt«), wie Voltaire ihn nennen wird, seine Ausbildung. Obwohl er nicht die Mittel hat, eine Reise zu unternehmen, lernt er Englisch. Er hört Vorträge über Physik, Biologie, Physiologie und Medizin. Nichts kann seine rastlose Neugier für die Wissenschaften, für die Menschen und natürlich für die Frauen bremsen.

Auch an jenem 30. Juli 1784 ist er umringt von Frauen, wenigstens von den wichtigen. Vor allem ist da Antoinette Champion, seit vierzig Jahren seine Gattin, »Nanette«, wie er sie in ihrer Jugend getauft hat. Sie ist immer noch an seiner Seite, trotz all seiner Eskapaden, trotz der chronischen Libertinage ihres »Ninot«. Weder Madame de Puiseux, mit der er eine lange währende Liaison hatte, noch Louise-Henriette Volland, genannt Sophie, seine große Muse und Briefpartnerin, und nicht einmal Katharina die Große, für die er einige Monate lang als Berater tätig war, um seine Tochter mit einer Mitgift ausstatten zu können, konnten daran etwas ändern. Die kleine Weißnäherin, die er ihn Paris kennenlernte, ist immer noch da. Obwohl oder gerade weil beide Familien von Anfang an gegen diese Verbindung kämpften, und obwohl drei ihrer Kinder frühzeitig verstarben. Immer war sie zur Stelle, wenn er ganz allein, krank oder inhaftiert war, wie im Jahre 1749, als er wegen seines *Briefs über die Blinden zum Gebrauch der Sehenden* drei Monate in der Festung von Vincennes einsitzen muss.

Nach seinem Schlaganfall glaubt Diderot sich seinem Ende nah. Er umarmt seine Frau und seine geliebte Tochter, dann zieht er sich in sein Zimmer zurück. Doch seine Lebenskraft ist noch nicht erschöpft. Sie währt noch drei Tage. Drei Tage des Deliriums. Als wollte das beschädigte Gehirn noch nicht die Waffen strecken. Als wollte es wieder alles von vorne beginnen. Lateinische Verse aufsagen. Aufsätze über die antiken Philosophen herunterleiern … Selbst nach dem Schlaganfall vermag der Tod dieses unerreichbare Genie nicht zu bezwingen. »Ich hatte an einem Tag hundert verschiedene Gesichter, je nachdem, was mich berührte. Ich war heiter, traurig, verträumt, zärtlich, heftig, leidenschaftlich, enthusiastisch. Die äußeren Zeichen dieser mannigfaltigen Seelenzustände folgten auf meinem Gesicht so rasch aufeinander, dass das Auge des Malers jeden Moment ein anderes Ich erblickte und es nicht fassen konnte.« Wie der Maler sein Modell muss auch der Sensenmann sein Opfer erst finden. Diderot verkörpert bis zuletzt dieselbe grenzenlose Unterschiedlichkeit, denselben ewigen Wandel in der Welt und im Ich.

Im Dschungel seines vielfältigen Werks ragt die monumentale *Enzyklopädie* wie ein Maya-Tempel empor. Eine Baustelle, die im Jahr 1747 beginnt, als er gemeinsam mit d'Alembert zum Herausgeber ernannt wird, und die 1765 mit der Veröffentlichung der letzten zehn Bände endet, die heimlich und unter falscher Adresse erfolgt. Zwanzig Jahre mühseliges Redigieren, Lektorieren und Korrigieren. Zwanzig

Jahre, in denen er sich daran aufrieb, die Arbeit der brillantesten Autoren des Jahrhunderts auf sensible Art zu betreuen. Zwanzig Jahre auf der Suche nach Finanzierungsmöglichkeiten. Zwanzig Jahre Auseinandersetzungen mit Druckern und Gegnern, mit Zensur und Polizei. Die *Enzyklopädie* oder der große Kreis des Wissens (von griechisch *enkyklios,* »Kreis« und *paideia,* »Bildung«). Ein geordnetes Lexikon der Wissenschaften, Künste und Gewerbe. Ein kreativer und lehrreicher Reigen der größten Wissenschaftler, Philosophen und Gelehrten. Das Ziel? »Die auf der Erdoberfläche verstreuten Kenntnisse zu sammeln, das allgemeine System dieser Kenntnisse den Menschen darzulegen, mit denen wir zusammenleben, und es den nach uns kommenden Menschen zu überliefern, damit die Arbeit der vergangenen Jahrhunderte nicht nutzlos für die kommenden Jahrhunderte gewesen sei; damit unsere Enkel nicht nur gebildeter, sondern gleichzeitig auch tugendhafter und glücklicher werden, und damit wir nicht sterben, ohne uns um die Menschheit verdient gemacht zu haben.« Die wenigen Sätze des *Prospekts*, der das Werk vorstellt, sagen alles. Das nie da gewesene Projekt einer umfassenden Bestandsaufnahme. Die Suche nach nützlichen Erkenntnissen jeder Art. Ein Bindeglied zwischen den Generationen, ein Bekenntnis zum Fortschritt. Und die Überzeugung, Wissen mache uns zu besseren Menschen, weise uns den Weg zum Glück. Sammeln, verbinden, weitergeben, Wissen teilen, dem Menschen zu einem angenehmeren Leben verhelfen: Das ist der Geist der Aufklärung.

Als Diderot in seinem Zimmer deliriert, ist das

enzyklopädische Fieber längst verflogen. Voltaire, Rousseau, d'Alembert, seine Weggefährten in diesem grandiosen Abenteuer, sind bereits gestorben. Doch die Saat ist gestreut. Und der Geist, der so vielen Ideen und Schreibfedern zum Höhenflug verhalf, lebt im lädierten Gehirn Diderots weiter. »Angélique ... Skepsis ist der erste Schritt der Philosophie«, mahnt noch der im Todeskampf liegende Vater seine Tochter. Durch Diderots Anstoß verändert die Philosophie ihren Gegenstand, ihre Methode und ihr Ziel. Die neue Philosophie sagt religiösen Überzeugungen und volkstümlichem Aberglauben den Kampf an. Sie hat den Anspruch, den Menschen durch die umfassende Verbreitung von Wissen zu verändern. Sie ist nicht mehr die besinnliche Tätigkeit eines Einzelnen, sondern einer Gruppe, sie ist kritisches, kämpferisches, engagiertes Handeln. Ein kollektives Werk, das in den gemeinsamen Veröffentlichungen oder in den Debatten der Salons Gestalt annimmt. Die Philosophen arbeiten draußen in der Welt, sie stellen sich den anderen, kommen zusammen, verbünden sich. »Den Philosophen schätzt man überall, aber mehr im Senat als in der Schule, mehr am Gericht als in einer Bibliothek.« Schluss mit den geistigen Kniebeugen, Verrenkungen und Verleugnungen, die Philosophen sind nicht länger Sklaven von Glauben und Religion, sie kämpfen für Wissenschaft und Vernunft. Die Wahrheit lauert überall, in Werkstätten, auf Baustellen, Bauernhöfen und Feldern ... Die *Enzyklopädie* ist die Kriegsmaschine dieser Kämpfer des Geistes. »Der Menschheit dienen«: Niemals zuvor hat sich die Philosophie ein so klares und konkretes

Ziel auf die Fahnen geschrieben. Und diese Philosophie »muss so schnell wie möglich unters Volk«.

Drei Tage lang rezitiert Diderot in jenem Juli des Jahres 1784 antike Verse und Schriften. In seinem wirren Geist ziehen noch einmal die Lehren der Atomisten der Antike vorüber, Demokrit, Epikur, Lukrez, die den Sockel seines eigenen Materialismus bilden. Der Hauptgegenstand der Philosophie ist für ihn die Natur: »Über die Natur will ich schreiben, sie ist das einzige Buch des Philosophen.« Diderots Natur ist eine lebendige Materie, die sich immanent fortentwickelt, ohne dass eine Kausalität oder ein präzises Ziel auszumachen wären. In dieses System von Organismen fügen sich alle natürlichen Formen und Formationen, von der trägen Masse bis hin zur menschlichen Seele, vom Kiesel bis zum Kunstwerk. Der Unterschied zwischen zwei natürlichen Kreaturen, etwa dem Tier und dem Menschen, ist nicht etwa wesentlich, sondern erklärt sich durch die erreichte Höhe auf einer Stufenleiter der Organisiertheit. Noch ist es schwierig, das Wesen dieser Natur zu bestimmen, die eine Mischung aus blinder Kraft und Intelligenz ist, doch irgendwann wird es der Wissenschaft gelingen. Eine solche Vorstellung stellt einen Frontalangriff gegen die theologische Vorstellung einer von Gott erdachten und geschaffenen Natur dar. Sie wirft die klassische Unterscheidung zwischen körperlicher und denkender Substanz im Menschen über Bord. Wenn der Mensch denkt, dann nicht, weil Gott es so gewollt hätte, sondern weil sich im großen Zufallsspiel der natürlichen Produktivität ein mit Gehirn ausgestatteter Organismus entwickeln konnte.

Materialismus. Aber auch Sensualismus. Denn für Diderot ist die Empfindung das Strukturelement der Materie. Vom Mineral bis zum Tier findet man überall die eine selbe Substanz, eine Kombination aus empfindsamen Molekülen, die überall sind. Auch dem Stein spricht er diese Empfindsamkeit nicht ab, er trägt sie als Kraft in sich, und diese Kraft verwandelte sich in andere Formen der Natur, durch das, was wir heute die »Nahrungskette« nennen. Wissen als solches ist nicht das Resultat eines denkenden Denkens, es hat seinen Ursprung in der Organisation unserer Sinne. Über die Empfindungen erfahren wir die Welt und entwickeln immer komplexere Ideen und Vorstellungen. Nichts ist im Geist, was nicht zuvor in den Sinnen gewesen wäre. Dieser Empirismus oder Sensualismus erfährt eine existenzielle Übersetzung. Der Mensch ist ein empfindsames Wesen. Und Diderot erst recht. Er ist sogar überempfindlich. Er lacht, er weint. Er lässt sich in Diskussionen dazu hinreißen, plötzlich seine Perücke zu lüpfen. Ein Hansdampf in allen Gassen, ein Lebemann, der keinen Genuss auslässt. »Ich verachte nicht die Freuden der Sinne. Auch ich habe einen Gaumen, auch ich kenne Gerichte, die ein wahrer Gaumenkitzel sind, Weine, die köstlich schmecken. Ich habe ein Herz und habe Augen; und es macht mir Freude, eine hübsche Frau zu sehen; es bereitet mir Vergnügen, ihre festen, runden Brüste in meiner Hand zu fühlen; meine Lippen auf die ihren zu pressen; Wollust aus ihren Blicken zu schöpfen und in ihren Armen zu vergehen. Manchmal missfällt mir auch ein Gelage mit Freunden nicht, selbst wenn es ausgelassen zugeht …« Ein

Selbstporträt? Schon der Mensch Diderot ist kein Kostverächter, doch als Denker bleibt er der größte Schürzenjäger, den man je gesehen hat: »Er mag der erstbesten Idee, die sich einstellt, sei sie klug oder närrisch, folgen, wie unsre lockeren Jünglinge in der Allée de Foy einer Kurtisane mit kesser Miene, lachendem Gesicht, lockenden Blicken und stupsiger Nase nachsteigen, diese wieder verlassen, um einer anderen zu folgen, mit jeder anbändeln und sich an keine binden. Meine Gedanken sind meine Dirnen.«

Es leuchtet wohl ein, dass Diderot nicht viel Zeit damit verschwendet, an den Tod zu denken. Als Materialist betrachtet er ihn als eine bloße Frage des physischen Verfalls. Der Tod trennt die organischen Moleküle, die das Leben zu einem Körper verdichtet hat. Er streut sie in alle vier Himmelsrichtungen. So kehren die Moleküle zurück zur Erde, der trägen, ruhenden Ablagerung, die wiederum das Substrat für die Pflanzen liefert. Und der unendliche Kreislauf des Lebens beginnt von vorne: »Alles verendet und vergeht; nur die Welt bleibt.« Der Tod: ein entropisches Phänomen. Ein Missgeschick im Rahmen der Ordnung der Dinge. Ein materieller Aggregatzustand. »Als Lebender handle und agiere ich als Masse … als Toter handle und agiere ich als Moleküle.« Weder Hoffnung auf ein Jenseits noch auf einen Fortbestand der Seele.

Keine Furcht vor dem letzten Seufzer, vor dem großen Sprung in die Materie? »Und dort erwarte ich Sie«, flüstert die Marschallin von C. im gleichnamigen Werk. Diderots Antwort: »Ich steh' für nichts, wenn mein Kopf nicht mehr klar ist; aber wenn ich an einer Krankheit sterbe, die dem Menschen bis zuletzt die Vernunft lässt, dann werde ich in dem Augenblick, in dem Sie mich erwarten wollen, nicht verwirrter sein als jetzt.« Eine Provokation. Ein Ausweichmanöver.

Nach drei Tagen endet Diderots Delirium. Er steht auf und nimmt am Esstisch Platz. Auf dem Speiseplan: eine Suppe, Lammfleisch und Chicorée. Nach dem Mahl nimmt er sich noch eine Aprikose, was seine Frau zu verhindern versucht. Die letzte Meinungsverschiedenheit zwischen »Nanette« und »Ninot«. »Was zum Teufel soll die mir schon schaden!« Diderot verschlingt die Aprikose. Dann lehnt er sich über den Tisch, um auch noch ein Kirschkompott in Angriff zu nehmen. Ein Hüsteln. »Nanette« spricht ihn an. Er antwortet nicht mehr.

»Mein Vater hielt es für richtig, Leichname zu öffnen«, schreibt Angélique, »er dachte, das sei den Lebenden nützlich. Er hatte mich mehrmals darum gebeten; also geschah es so auch mit ihm.« Das enzyklopädische Ideal bleibt nach dem Tod bestehen, und seine Grundsätze müssen befolgt werden. Wenn Diderot in unserer Zeit leben würde, würde er seine Überreste gewiss der Wissenschaft zur Verfügung stellen. Das wichtigste Ergebnis der Autopsie: ein Herz, das um zwei Drittel größer ist als das anderer Menschen, und einundzwanzig Gallensteine. Wenn Philosophie und Leben sich derart miteinander vermengen, kann der Rechtsmediziner sich nur verbeugen.

Auch ich versuche in dem mir angemessenen Schritt vor den Spiegel zu treten, um mich mit Diderots philosophischem Laser-Blick zu durchdringen. Bin ich in Wirklichkeit schon gestorben? Meine Lippen brennen darauf, ja zu sagen. Wem eine Arbeitslosenbescheinung ins Haus flattert, der ist nicht mehr ganz von dieser Welt. Ein grauer Wisch mit einer »Meldenummer«: 7338077 W. Fehlt nicht mehr viel zu einem Nummernschild. Ich verstecke sie in der hintersten Ecke meiner Brieftasche, wie ein Schandmal. Aber es gibt Schlimmeres: zum Beispiel die monatliche telefonische Rückmeldung. Erst die Nummer zum Nulltarif, dann meine PIN, nach dem Geklimper auf den Tasten schließlich der stumpfsinnige Klang der außerirdischen Stimme vom Band. Und am Ende die schwachsinnige Feststellung: »Sie erklären sich für den laufenden Monat weiterhin arbeitssuchend.« Jeden Monat derselbe Ekel, dieselben Ängste, dieselbe Vergesslichkeit beim Eintippen der vielen Nummern, das Aufschrecken mitten in der Nacht: Habe ich mich schon arbeitslos gemeldet? Und wenn ich eine Zahl vertauscht habe in diesem absurden obsessiven Datenwust? All diese Prozeduren und Zahlenreihen, nur damit ich bekomme, was mir für den Unterhalt meiner Familie zusteht. Ich frage mich: Kann man jemanden als lebendig bezeichnen, der sich mit einer ihm zugeteilten Nummernfolge identifiziert? Der mit künstlichen Stimmen telefoniert? Führt jemand, dessen ehemals kräftiger Körper mit jedem Tag mehr verfällt, dessen Zeit ohne Inhalt vergeht und den kein Begehren fesselt, der sich selbst anekelt, der wie die Marionette seiner Illusionen gestikuliert, führt der das Leben eines Lebendigen? In meinen Augen ähnelt er mehr jenen Seelen, die Odysseus im Hades umherirren sieht.

Gleichwohl darf man diesen zurückweichenden, beschämten Schatten nicht mit einem Leichnam verwechseln. Das kann ich bezeugen. Das Leben ist weder das Organische noch das Soziale, es ist das aufrechte Stehen. Nach seinem Schlaganfall springt Diderot auf die Beine. Nach dem Vorbild Diderots und all jener, die dem Schicksal die Stirn bieten, so gut sie können und wollen, werde auch ich mich erheben. Ich bin lebendig, solange ich nicht aufgebe, solange ich mich wieder aufrichte und die Herausforderungen der Realität annehme. Vor allem bin ich lebendig vor dem Spiegel des Lebens. Nicht im Spiegel des Narziss, der sich dem morbiden Schwindel der Eigenliebe und der Selbstbetrachtung hingibt, sondern im Spiegel des Odysseus, in dem ich meine Eingebungen, meine tastenden Versuche, meine Risiken prüfe. Sich rückbesinnen auf sich selbst, aber auf die Welt zugehen. Das nennt man Reflexion, und darauf kann ich zurückgreifen wie jeder andere. Seit seinen fernsten Anfängen, als der Mensch noch ein kleines schwaches Säugetier war, das seinen Blick über die hohen Gräser der Savanne richtete, um Bedrohungen und Feinde möglichst früh auszumachen, lebt er aufgerichtet, und er ist nur lebendig, wenn er aufgerichtet bleibt.

Einer meiner alten Cousins hat mir erzählt, bei der Befreiung des Konzentrationslagers, in dem er gelitten hatte, hätten die sowjetischen Soldaten ihn, der gerade noch fünfundvierzig Kilo wog, und seine abgemagerten Kameraden aufgefordert aufzustehen, damit sie überlebten. Er ist vor kurzem gestorben, auf der Bettkante seines Sterbelagers sitzend. Wenn ich als Arbeitsloser mich wieder aufrichte, ist das sicher eine vergleichsweise bescheidene Angelegenheit, doch ich inspiriere mich an dieser ungemein starken Ablehnung der liegenden Position.

Das Gefühl des Sterbens, von dem ich mich durch meine Meditationen zu befreien versuchte, war jedoch keine bloße Illusion. In verschiedener Hinsicht ist die Arbeitslosigkeit eine Todeserfahrung. Sie macht die dumpfe Gewalt, die Zerstörungswut spürbar, die der modernen Arbeitswelt zugrunde liegt. Im herrschenden Neoliberalismus wird die Arbeit auf einen Kosmos konfliktbeladener Beziehungen reduziert. »Du bist *in* oder du bist *out*«, die Schweizer Aufkäufer der Fluglinie, die mich einmal beschäftigte, fassten die »letzte« Wahrheit der heutigen Arbeitswelt auf ihre ganz eigene Art zusammen. Man kann sie gut mit der Reise nach Jerusalem vergleichen, die auf Hochzeitsfesten der letzte Schrei ist, als wollte man der satten und fröhlichen Gesellschaft die furchtbare Brutalität in Erinnerung rufen, die in ihr schlummert. Dieser Tod hatte mich also erwischt. Und das ist das Leben, das mich immer noch beseelt.

Überleben: Dieses Wort liegt mir auf der Zunge, wenn ich meinem Spiegelbild gegenübertrete. Überleben als niedere oder bedrohte Lebensform, eine reduzierte und manchmal fast sich selbst einbüßende Existenz, ganz unten, im Abseits, k. o. Überleben wie der Lagerhäftling, der Widerstandskämpfer, jederzeit auf dem Gipfel der Prüfung, mit dem Blick auf ein

Danach, eine Kontinuität, einen Neubeginn. Und schließlich Über-Leben als Erfahrung über sich selbst, in der das Leben aus eigenem Antrieb heraus weitergeht, über sich selbst hinauswächst und an Intensität gewinnt. Das ist meine Diagnose.

Schlussbemerkung

Die Arbeitslosigkeit mit ihrem ganzen Gefolge von physischem Schmerz, psychischem Leid und Einsamkeit, dem Gefühl, sich dahinzuschleppen wie ein Verletzter, der nicht mehr lange zu leben hat: Das war mein Ausgangspunkt. Dem setzte ich den anarchischen Willen entgegen, mich durch eine Therapie zu beruhigen, zu trösten und gleichzeitig zu heilen, die Meditationen mit philosophischen Aufzeichnungen verknüpfte. Habe ich mein Ziel erreicht? Was bringt diese Erfahrung mit der Philosophie mir nun wirklich? Warum habe ich nun das Gefühl, die Stunde der abschließenden Bilanz sei gekommen?

Wunder hat es keine gegeben, und das ist eine wichtige Voraussetzung. Die Therapie brachte keinen unmittelbaren praktischen Erfolg. Zwischen ihr und der Veränderung der Wirklichkeit besteht nicht die geringste Kausalität. Meine Übungen haben mir keinen Posten verschafft. Diderot konnte durch seine Diagnose auch nicht den Schlaganfall ungeschehen machen. Die Realität hat ihre eigene Trägheit und ihre Widerstandskraft.

Gibt es eigentlich eine Philosophie oder eine Pädagogik der Prüfung? Nicht, dass ich wüsste. »All das hat mir nichts gebracht, mich nichts gelehrt, und meine Kinder haben keinen Vater mehr«, so die Worte der jungen Witwe einer meiner Freunde. Der Blick auf das Unglück schafft es nicht aus der Welt. Macht er uns stärker? Wenn das der Fall wäre, könnten wir nicht genug davon kriegen. Die Arbeitslosigkeit hat zwei Jahre meines Lebens vergiftet und eine unauslöschliche Spur hinterlassen. Man muss schon Masochist sein, um an die stärkende Kraft derartiger Schicksalsschläge zu glauben. Die Wahrheit ist, dass sie uns zunächst einmal Schmerz zufügen, und wenn wir die Wahl hätten, würden wir liebend gern darauf verzichten. Ich glaube auch nicht daran, dass ein Schicksalsschlag uns verfeinert, unser Dasein sublimiert. Die kleinen Nöte können uns genauso bewegen wie die großen, das ist nur eine Frage der Ausdauer, und in unserem Elend sind wir letzten Endes alle gleich, was uns aber auch nicht viel weiterhilft.

Was also bringt diese philosophische Heilung? Zunächst einmal die richtige Diagnose. Das Leiden des Arbeitslosen ist kein Zustand, sondern ein Verhältnis zur Welt und zu den anderen. Ich habe die wichtigsten Symptome nacheinander untersucht. Ich habe begriffen, dass es zwischen meiner einstigen Hyperaktivität und der Erwerbslosigkeit keinen Bruch, sondern Kontinuität gab, und dass hinter ihren völlig konträren Erscheinungen eine Verbindung besteht. Die zwei Seiten einer Medaille. Ich verstand, dass eine Art böser Genius sich bemühte, mich zu täuschen und mich in meinem Irrglauben zu belassen, und dass dieser Dämon der Täuschung niemand anderes war als ich selbst. Mir wurde klar, dass ich mich geirrt hatte und dass dieser Irrtum Vergessen, Vernachlässigung und Selbstverachtung nach sich zog. Ich wandte mich zurück zu den Ursprüngen meiner Ängste, zu dem Kind, das uns wie ein Schatten folgt und das wir immer abzuhängen versuchen. Mit ihm fand ich zurück auf den Pfad der Wertschätzung meiner selbst. All dies bewirkte eine innere Umwälzung, die ich nicht gleich bemerkte. Ich kam über den Unfall meiner beendeten Karriere zum Notwendigen, über die Arbeit zur Kreativität, über die Entfremdung zur Freiheit. Was ich am Leben verlor, gewann ich am Sein. Ein Zugewinn am Sein, das hat mir die Therapie gebracht. Und wenn sie eine radikale Veränderung auch nicht bewirkte, so hat sie diese doch wirkungsvoll begleitet und die unentbehrlichen persönlichen Grundlagen für das laufende Projekt geliefert.

Auch ich habe die notwendige Diagnose gestellt mit dem Scharfsinn desjenigen, der sich im Spiegel betrachtet, der weiß, was ihm geschieht, und es ausdrücken kann.

Sokrates führt die Zeit in die Irre. Augustin rezitiert Psalme. Epikur spricht einen Trinkspruch … Jedem seine eigene Haltung. In meiner Agonie habe ich einige Denkgefährten um mich geschart. Mit ihrer Hilfe habe ich gelernt, über mein Schicksal nachzudenken, und mit diesem Neubeginn hat sich das ursprüngliche Wissen wieder eingestellt, hat einen weiteren, offeneren Sinn erhalten. Ich weiß nun, dass meine Zeit wertvoll ist, dass ich verletzlich bin, dass Leidenschaft blind macht, dass Illusionen der Rohstoff meines Verstandes sind, dass meine Suche nach

Anerkennung auf Kosten meiner Freiheit geht, kurz: dass die Weisheit der ersten Philosophen uns immer noch bei der Lebensführung nützlich ist.

In meinem Leben als hyperaktiver, gestresster und egozentrischer Abteilungschef waren mir diese Lehren abhanden gekommen. Jeden Tag bis über den Kopf im aktuellen Geschehen steckend, absurden Gesetzen von Dringlichkeit, Konkurrenz und Erfolg gehorchend, getäuscht von den eitlen Illusionen des Workaholics, hatte ich den Abstand, die Geduld und den kritischen Blick verloren, die für ein zufriedenes Leben unabdingbar sind. Ich klebte an der Wirklichkeit, ging ganz in ihr auf, und diese Verschmelzung hatte die katastrophale Folge, dass ich mir selbst entrissen wurde, mich weit von mir entfernte.

Als die Arbeitslosigkeit diese unbewusste Verfremdung beendete, dachte ich, dass ich tot wäre, dass mit dem Ende der Berufstätigkeit mein komplettes Ich erloschen wäre: Identität, Wille, Begehren, Wesen. Auch das war eine ebenso naheliegende wie schmerzhafte Illusion. Die Erfahrung des Todes ist unmöglich. Der Tod, den ich empfand, war nicht der echte, einzige Tod, sondern die Art Tod, die uns heute überall in der Arbeitswelt heimsucht. Als Umkehrung des Arbeitslebens, als eine Art Negativabdruck offenbart die Arbeitslosigkeit die brutale und tyrannische Wirklichkeit der heutigen Lohnarbeit.

Meine schriftlichen Meditationen sind weit davon entfernt, alles gelöst, erledigt, aufgeklärt zu haben. Im Laufe dieser Übungen bin ich durch ein geräumiges, verwinkeltes Gebäude spaziert, fand mich vor Türen wieder, die sich zu schnell schlossen, und anderen, die zu öffnen ich keine Zeit oder nicht die Mittel hatte. In einer meiner durchwachten Nächte ging ich, das gebe ich zu, bis auf den Grund meiner zwiespältigen Schreibwut. Ich fand in meinen Kindheitserinnerungen eine Schlüsselszene, die mir klarmachte, wie mein Schicksal als Schreibender seinen Lauf nahm. Ich schrieb damals ein paar Seiten zu diesem Moment der Offenbarung, aber durch einen falschen Tastendruck wurde die Datei komplett gelöscht. Ich hatte nicht den Mut, noch einmal von vorne anzufangen, ich dachte, ich sei sicher noch nicht bereit, alles zu sagen, ich müsste noch etwas zum Schreiben übrig lassen. Ich könnte ja eines Tages darauf zurückkommen und es, wenn nötig, wieder in Angriff nehmen und weiterverfolgen. Im Grunde war mir diese Fehlleistung willkommen. Ich sah darin das Vorzeichen für das Ende meiner Übungen.

Doch vor allem geriet durch das unfreiwillige Löschen die Figur des Erzählers, die mich in all den Monaten der Wüstendurchquerung begleitet, umhegt, gestützt hatte, ins Wanken. Der innere Therapeut hatte je nach Intensität meiner Depression völlig unterschiedliche Züge angenommen: die des ungläubigen Diderot, des misanthropischen Schopenhauer, des verletzlichen Spinoza oder des tobenden Diogenes … Er war in unzählige Figuren geschlüpft, damit ich meine eigene Rolle wiederfinden und mein eigenes Drehbuch schreiben konnte. So viele Marionetten hatte er bewegt, damit mein Leben wieder eine Bühne bekam und die Wirklichkeit nicht alles erdrückte. Vor dieser großen Philosophentruppe ziehe ich jetzt den Hut, bevor ich sie verabschiede. Einer nach dem anderen haben sie mir als Führer durch die Schwierigkeiten geholfen, in die das Leben mich gestürzt hatte. Sie haben mir die Hand gehalten, als ich durch die konzentrischen Kreise meiner Sorgen und die Mäander meiner Identität irrte. Im Labyrinth meiner Leiden, Passionen und Ressentiments haben sie mir geleuchtet, mich geführt und gestützt.

»Jetzt, da ich nicht mehr bin, wäre ich ein Mann?«, fragt sich Ödipus, als er sich Kolonos nähert, wo er das Ende seines Missgeschicks vermutet. Ich möchte dieselbe Lehre aus meinen Meditationen ziehen. Man muss empfinden, denken, ein Stück Nichts in sich tragen, um wirklich ein Mann zu sein. Dieses inkarnierte Negativbild, das ich bin, und das erst bewirkt, *dass* ich bin, entwickelte sich erst durch die Demontage, durch den Verlust der sozialen Identität, und dieser Verlust erweist sich tatsächlich als der beste Weg, sich selbst näherzukommen. Der Grund: Die Leere, die sie hinterlässt, erhöht gewissermaßen die Wahrscheinlichkeit, sich selbst in seinem Dasein als leidender, sterbender und bis zur letzten Sekunde lebender Mensch anzunehmen. Seit ihren Anfängen schafft die philosophische Meditation die Voraussetzung für diese Leere, liefert den Rahmen für diese Selbsterfahrung, die ohne sie in einer Katastrophe enden könnte. Sie ist der privilegierte Zugang, und sie garantiert den ehrenhaften Ausstieg.

Ich möchte noch einen Moment bei meinem Therapeuten-Erzähler verweilen. Müsste ich wählen, so würde ich ihm von all den Gesichtern, die er annahm, um mir mich selbst und meine bloße Menschenwürde zurückzugeben, noch einmal die Züge des Epikur verleihen. Ich stelle mir vor, wie er kurz vor seinem Tod den Weinbecher an seine Lippen führt. Er war nur da, um mir die Sprache wiederzugeben, das heißt, um mir das Leben zurückzuschenken. Das ist geschafft.

Nachwort

17. Februar 2004. Es ist vorbei, das Handelsgericht von Montpellier hat sich für die Liquidation des Unternehmens ausgesprochen. Fast tausend Angestellte bleiben auf der Strecke. Vor drei Jahren waren wir noch mehr als doppelt so viele. Nach einigen Verkäufen von Filialen und mehreren Sozialplänen hatte sich die Belegschaft schon um die Hälfte reduziert.

An jenem Tag war ich auf dem Weg zur Juristischen Fakultät, wo ich inzwischen wieder Seminare geben durfte. »Kommunikation in Krisensituationen« lautete der Titel der Vorlesung … Die Fakultät ist nicht weit vom Justizpalast. Als ich um halb zwei aus der Tiefgarage kam, traf ich ein paar Kollegen von früher. Ein bewegendes Wiedersehen auf dem Vorplatz.

»Das Urteil wird für den späten Nachmittag erwartet, komm doch später wieder her …«

Im ersten Moment hat mir diese Aufforderung gutgetan. Ich war nicht nur nicht unerwünscht, ich gehörte auch noch zur großen Familie der Angestellten der Fluglinie. Also eilte ich um siebzehn Uhr, nach meiner Vorlesung, zum Justizpalast, hin- und hergerissen zwischen Angst und Wissenwollen.

Stewardessen und Piloten in Uniform, Mechaniker, Bodenpersonal, fast das ganze Unternehmen war da und hielt den Atem an. Ich ging von einem zum anderen, schüttelte Hände, verteilte meine Telefonnummer, tauschte Neuigkeiten aus. Auch viele Journalisten, die ich bestens kannte, waren gekommen. Dann regte sich was in der Eingangshalle, und die Menge vor dem Gericht drängte sich dicht zusammen. Kaum war die Tür offen, schwappte das Urteil wie eine verheerende Welle nach draußen. Ich wurde davongetragen von einem riesigen Tränenstrom. Ich erinnerte mich, dass auch ich am Tag meines Fortgangs weinte. Nun weinten sie zu Hunderten, umarmten sich unter den Scheinwerfern der Fernsehteams und dem Blitzlichtgewitter der Fotografen.

Mitgezogen von der zurückweichenden Menge fand ich mich auf dem Vorplatz wieder. Der bedeckte Himmel und der hereinbrechende Abend verliehen dem Ereignis ein trostloses Dekor. Die Gewerkschaftsbosse organisierten eine Demonstration. Transparente wurden gehisst. Die ersten Slogans wurden laut, und die Gruppe marschierte in Richtung Innenstadt. Ich lehnte mich an eine Säule des Justizpalastes und blieb reglos stehen. Erst hielt ich es für eine Anwandlung von Scham, Trauer oder unterdrückter Wut. Doch ich verstand sehr schnell, warum ich auf der Bremse stand, ich murmelte es sogar leise vor mich hin: »Ihre Geschichte ist nicht meine, und meine Geschichte ist nicht die ihre.« Ich war weder frustriert noch stolz auf diesen Gedanken. Es war eine Feststellung, meine Feststellung.

Ich sah dem Gefolge nach. Ich dachte an die Überschriften in den Zeitungen, an die moralinsauren Leitartikel am nächsten Tag, ich hörte schon die bedauernden Erklärungen des Ministers, die noch deplatzierteren der Lokalpolitiker jeder Couleur, die sich natürlich die Schuld gegenseitig in die Schuhe schieben würden. Sie würden die Geschäftsführer, die Behörden, Europa oder auch die Liberalisierung wild anklagen. Achthundert in die Arbeitslosigkeit gestürzte Ikarusse in einer wirtschaftlich darniederliegenden Region, das machte mehr Aufruhr und Lärm als ein einziger. Ganz Frankreich würde auf die Wasserfläche schauen, in der sie verschwunden waren, doch nach ein paar Tagen, bestenfalls nach ein paar Wochen wäre alles wieder vorbei und die kollektive Aufmerksamkeit würde sich ein neues Drama suchen. So sterben Unternehmen. So funktionieren die Medien. So ist die Welt.

Ich dachte an all die Frauen und all die Männer, deren letzte Zusammenkunft sich bald auflösen würde. Ich dachte an die Schwierigkeiten und an die Leiden, die nun jeden Einzelnen von ihnen erwarteten. Am liebsten hätte ich ihnen zugerufen: »Geht nicht so schnell auseinander, bleibt noch einen Moment zusammen in der Nacht! Danach beginnt eine schmutzige Geschichte, und ihr werdet allein sein!«

Dank

Viele Monate lang haben Valérie Menanteau und Michel Piquemal von den Éditions Albin Michel mich während der Vorbereitung zu dieser philosophischen Heilung mit ihren klugen Ratschlägen und ihrer wohlwollenden Hilfe angespornt. Ohne sie wäre dieses Werk nie zustande gekommen. Aber besonderen Dank verdienen sie dafür, dass die Arbeit durch sie wieder zurück auf den Pfad von Begegnung und von Aussöhnung gefunden hat.

Literatur

Quellen

Clément Rosset, *Loin de moi. Étude sur l'identité*, Paris 1999

Boethius, *Trost der Philosophie,* hrsg. und übersetzt von Ernst Gegenschatz und Olof Gigon, München 1990

Diogenes Laertius, *Leben und Meinungen berühmter Philosophen*, übersetzt von Otto Apelt, Hamburg 1967

Friedrich Nietzsche, *Werke*, hrsg. von Karl Schlechta, Frankfurt 1976

Platon, *Sämtliche Werke*, übersetzt von Friedrich Schleiermacher, Hamburg 1958

Baruch de Spinoza, *Die Ethik nach geometrischer Methode dargestellt*, Hamburg 1976

Hierokles. Kommentar zum Pythagoreischen Goldenen Gedicht, übersetzt von Friedrich Wilhelm Köhler, Stuttgart 1983

Homer, *Odyssee,* übersetzt von Roland Hampe, Stuttgart 1979

Arthur Schopenhauer, *Die Welt als Wille und Vorstellung*, hrsg. von Ludger Lütkehaus, Zürich 1988

Aurelius Augustinus, *Die Bekenntnisse des heiligen Augustinus*, übersetzt von Otto F. Lachmann, Leipzig 1888; *Vom Gottesstaat*, München 1985

Epikur, *Von der Überwindung der Furcht. Katechismus, Lehrbriefe, Spruchsammlung, Fragmente,* eingeleitet und übersetzt von Olof Gigon, München 1985

Abaelard, *Der Briefwechsel mit Heloisa*, übersetzt von Hans-Wolfgang Krautz, Stuttgart 1989

L. Annaeus Seneca, *Philosophische Schriften*, übersetzt von Manfred Rosenbach, Darmstadt 1995

Blaise Pascal, *Über die Religion und über einige andere Gegenstände (Pensées)*, übersetzt von Ewald Wasmuth, Heidelberg 1972

D'Alembert, Diderot u.a., *Enzyklopädie. Eine Auswahl*, hrsg. und übersetzt von Günter Berger, Frankfurt 1989

Sophokles, *Ödipus auf Kolonos*, übersetzt von Wolfgang Schadewaldt, hrsg. von Hellmut Flashar, Frankfurt 1996

Martin Heidegger, *Sein und Zeit*, Tübingen 1977; *Gelassenheit*, Pfullingen 1977; *Vorträge und Aufsätze*, Pfullingen 1990; *Unterwegs zur Sprache*, Pfullingen 1990; *Holzwege*, Tübingen 1997; *Einführung in die Metaphysik*, Tübingen 1998

Denis Diderot, *Sämtliche Romane und Erzählungen Bd. II, Rameaus Neffe* u.a., übersetzt von Raimund Rütten, München o.J.; *Erzählungen und Gespräche*, übersetzt von Katharina Scheinfuß, Leipzig 1953; *Philosophische Schriften*, Warendorf 2003

Weiterführende Literatur

Luciano de Crescenzo, *Geschichte der griechischen Philosophie*, Zürich 1998

Gilles Deleuze, *Logik des Sinns*, Frankfurt 1994; *Spinoza*, Berlin 1988

Victor Farias, *Heidegger und der Nationalsozialismus*, Berlin 2003

Michel Foucault, *Sexualität und Wahrheit. Bd. 3: Die Sorge um sich*, Frankfurt 1986

Pierre Hadot, *Wege zur Weisheit oder was lehrt uns die antike Philosophie?*, Frankfurt 1999; *Philosophie als Lebensform*, Frankfurt 2003

Vladimir Jankélévitch, *La mort*, Paris 1977

Marcel Mauss, *Soziologie und Anthropologie*, Frankfurt 1978

Paul Ricœur, *Das Selbst als ein Anderer*, München 1996

Frank Schweizer, *Wie Philosophen sterben*, München 2003

Volker Spierling, *Kleine Geschichte der Philosophie*, München 2004

Jean-Pierre Vernant, *Die Entstehung des griechischen Denkens*, Frankfurt 1982

Karl Vorländer, *Geschichte der Philosophie mit Quellentexten*, Hamburg 1963

Ein alltägliches Phänomen und seine Folgen

Friedrich Schneider, Helmut Badekow • **Ein Herz für Schwarzarbeiter**
Warum die Schattenwirtschaft unseren Wohlstand steigert
176 Seiten, Hardcover mit Schutzumschlag
€ [D] 18,00 • € [A] 18,50 • sFr 31,60
ISBN 978-3-430-20008-0

340 Milliarden Euro wurden 2007 in illegalen Jobs umgesetzt. Hohe Steuern und Sozialabgaben und der überregulierte Arbeitsmarkt treiben immer mehr Menschen in die Schwarzarbeit. Fundiert und mit einem ungewöhnlichen Blickwinkel beleuchten die Autoren ein alltägliches Phänomen und enthüllen die Folgen für Bürger, Staat und Gesellschaft.

»Schneider versteht es meisterlich, mit feiner Ironie und fesselnden Schilderungen tiefe ökonomische Wahrheiten darzulegen, die sich die deutschen Politiker zu eigen machen sollten.«

Hans Werner Sinn, Präsident des ifo-Instituts

Econ